연애도 계약이다

연애도 계약이다

안전하고 자유로운 사랑을 위하여

박수빈 지음

Changbi Publishers

차례

3부 이것은 연애가 아니다

프롤로그

연애는 왜 계약이 되어야 하는가

사랑에 빠지는 데는 3초면 충분하다고 했던가. 왠지 빠져
들면 안 될 것 같은 느낌, 그래서 두렵고 떨리지만 그럼에도
어쩔 수 없이 빨려드는 순간이 있다. 사람의 감은 생각보다
정확해서 그 찰나적 불안은 사랑의 감정을 선택하고 유지해
나가면서 발생하는 수많은 우여곡절을 통해 확인되곤 한다.
그렇지만 사랑의 유혹은 너무나 강렬해서 그런 순간의 느낌
을 무시하고 '에라 모르겠다' 하며 스스로를 그 위험한 곳으
로 던져버린다. 우리는 이런 통제 불가능한 감정을 '사랑'이
라고 부르는 것 같기도 하다.
    먼저 이 책과 관련해 밝혀둘 것이 있다. 내 글에서 사랑을

이야기하는 사람들은 여성도 있고 남성도 있다. 가끔 필요에 의해서 '그/그녀'라고 부르게 되는 일을 제외한 나머지는 남녀 모두를 '그'로 통칭했다. 또한 나의 한정된 경험 때문에 이성애자 중심으로 연애 이야기를 풀었다. 하지만 나는 '연애'란 사람과 사람이 다양한 모습의 사랑의 감정 중에서도 성애적 감정을 기반으로 하는 관계를 맺는 일이라고 생각한다. 이성애자이건 동성애자이건 사랑하는 관계로 발전하는 과정에서 겪는 설렘, 기쁨, 고통, 배신, 신뢰 같은 문제들은 크게 다르지 않다고 믿는다.

*

강렬한 매혹의 순간이라고 하면 나는 영화 「캐롤」에서 두 주인공이 처음 대화를 나누던 장면이 떠오른다. 딸의 선물을 사러 가게에 온 캐롤(케이트 블란쳇)과 점원인 테레즈(루니 마라)의 짧은 대화, 캐롤의 의미심장하면서도 매혹적인 눈빛과 순수하고 무방비한 테레즈의 시선이 자꾸 마주치던 그 순간. 주변의 공기가 멈추고 나도 모르게 상대를 쳐다보게 되는 그런 순간, 이유는 알 수 없지만 더 쳐다보면 안 될 것 같은데 그럼에도 눈길이 가는, 말을 걸 구실을 찾아야지 이

대로 저 사람을 놓쳐버리면 인생의 큰 기회를 잃게 될 것만 같은 위기의식이 저 밑에서부터 나를 흔들어 손이 덜덜 떨리는 그런 순간 말이다. 이 사람의 눈을 1초만 더 쳐다본다면 걷잡을 수 없이 커지는 감정과 심장이 터질지도 모르겠다는 두려움에 다른 곳을 봐야 할지 그래도 눈을 봐야 할지 고민하다 '아차, 시간이 지나버렸다, 망했다'라는 기분이 들어버리고 마는.

이런 영화를 볼 때면 나 역시 영화 속 주인공들처럼 갑작스레 사랑에 빠졌던 어떤 순간들을 떠올리게 된다. 그 순간의 짜릿함, 감정의 동요는 시간이 가면서 희석되기는커녕 되새김질할 때마다 더 미화되고 극대화되었다. 그래서 나는 항상 "연애보다는 '사랑'을 하고 싶다"고 말했다. 정확히는 '사랑에 빠지고 싶다'는 말이었다. 사랑에 빠진 다음에 대해서는 떠올리고 싶지도 책임지고 싶지도 않았던 것 같다. 그저 '이후 그들은 영원히 행복하게 살았습니다'라고 끝나는 동화 속 마지막 장면처럼, 사랑에 제대로 빠지기만 하면 그 감정이 이후의 모든 고난과 역경을 해결해줄 것만 같았다. 사랑에 빠진 상대와 얼마나 긴 시간을 함께 보내게 될지, 어떤 하루하루를 보내게 될지에 대한 그림을 그려보지도, 예상하지도 않았다.

그러한 안일한 태도로 임했던 지난 연애들을 돌아보면, 나는 연애관계에서 오는 안정감을 지루하게만 느꼈던 것 같다. 상대방을 꾸준히 애정을 가지고 대해야 하는 파트너라고 생각하기보다 내 삶의 기본 값인 것처럼 여긴 적도 있었다. 내가 바라는 방식으로 사랑해주지 않는 상대방을 두고 그의 방식을 알아보거나 인정하려는 노력 대신 "넌 나를 사랑하지 않아"라고 비난하기도 했다. 그러다 마지막에는 "너의 얕은 감정 때문에 나는 너무 외롭다"고 직접 상대방에게 하소연한 적도 있고, 때로는 속으로만 생각하면서 마음에서 수십번 수백번 엑스 표를 치고 그와 헤어져야겠다는 다짐을 반복하다 이별을 맞이하기도 했다.

이런 경험이 쌓이면서 새로운 사람을 만나는 일, 알아가는 일을 넘어서서 '연애하는 사이'로 묶이는 관계에 대해 점차 생각이 많아졌다. 영화 속 주인공들처럼 좋아한다는 감정 하나만 믿고 연애를 시작하기가 두려워졌다. 결혼만 '현실'이 아니라 연애도 '현실'이었다. '연인이라면 이렇게 해줘야지' 하는 것들을 하나하나 떠올리다보니 너무나 많았다. 친구들의 이야기를 들어봐도 그랬다. "다른 기념일은 그렇다 쳐도 내가 자기 생일에는 매번 식당 예약하고 선물도 챙겨줬는데, 심지어 곧 내 생일이라고 알려주기까지 했는데, 생일을 잊어버리는 건 너무하지 않아?" "아무리 바빠도 화장실 갈 시간은 있잖아. 왜 낮에는 연락 한번을 안 하는 걸까?" "왜 걔는 자꾸 SNS에서 애인이 없는 척을 하지?" "내가 일이 너무 힘들고 우울해서 보고 싶다고 해도, '지금 나와, 한잔하자' 같은 얘기를 죽어도 안 해"라고 하소연했다. 연애 상대에게 원하는 사항은 사람마다 다 달랐다.

*

변호사로서 각종 계약서를 처리하고, 계약서를 근거로 한 소송들을 경험하게 되면서 이런 생각이 들었다. 왜 처음부터 계약서를 제대로 쓰지 않았을까? 단어 하나, 문장 한줄을 두고도 양쪽의 생각이 이렇게 다른데 계약서의 각 조항이 의미하는 바를 왜 따지지 않았을까? 나에게는 당연한 일이 상대방에게는 당연하지 않을 수도 있는데, '기본적인 사항'에 무엇이 포함되는지 왜 확인하지 않았을까?

우리가 계약이라고 잘 인식하지 못하지만, 물건을 사고파는 일에서부터 다른 사람이 부탁한 일 처리, 사람을 소개하거나 소개받는 일, 업무에서 프로젝트를 협업하는 일, 돈을 빌리고 갚는 일, 결혼생활을 유지하는 일까지 우리의 일상은 많은 부분이 계약으로 이루어져 있다. 그리고 많은 계약들이 계약서에는 기재되지 않았지만 '상대방이 당연히 해주었어야 하는 일'이 이행되지 않았다는 이유로 파투가 난다. 계약도 사람과 사람이 하는 일이라서 의외로 많은 경우 선의를 기대하고 일을 진행하다가 '기본적으로 해야 한다고 생각하는 일들'의 목록이 어긋나기 시작하면 감정이 틀어져버리고, 계약관계도 함께 틀어진다.

예를 들어 중요한 사람에게 선물로 보낼 물건을 주문하고 선물 받을 사람에게 곧바로 물건을 배송시키기로 했다고 하자. 선물을 받은 사람이 물건의 포장이 깔끔하지 못했다고 연락이 오면 나는 화가 날 것이다. 주문하는 사람 입장에서는 분명 선물용으로 주문했고 '깔끔한 선물용 포장'은 당연히 주문 내용에 포함되는 것이라고 생각했을 수 있다. 파는 사람 입장에서는 '그만하면 물건이 손상되지 않을 정도로 충전재가 잘 들어간 포장'이라고 생각할 수도 있는 일이다. 물건 구매 및 배송 계약에 물건의 포장에 대한 내용 합의를 하지 않았지만, 주문하는 사람은 선물에 걸맞은 포장을 기대했을 것이고 파는 사람은 생각지 못했을 수도 있다. 이 부분에서 갈등이 생기면 파는 사람은 선물 포장은 따로 비용을 받아야 하는데 그러지 않았고 주문할 때 선물용이라고만

했지 선물 포장을 해달라고 말하지 않았기 때문에 계약 이행에 문제가 없다고 할 것이고, 주문한 사람은 선물용 물건이면 포장이 당연히 가격에 포함되어 있는 것 아니냐고 항변할지도 모른다. 이런 일들이 각종 계약 세계에서 비일비재하게 일어난다.

계약을 잘 유지해 목적을 성취하기 위한 작업은 계약을 체결하기에 앞서 서로가 서로에게 계약 목적에 맞는 상대방인지를 제대로 확인하는 일에서부터 시작되어야 한다. 계약이란 상호간 의사의 합치를 의미하는 만큼, 계약서라는 종이 다발은 서로의 의사가 합치되었다는 증표에 불과하다. 정말 중요한 것은 서로가 계약의 내용대로 약속을 하고 이것을 지킬 의지가 있는가, 이 계약을 체결해서 이루고자 하는 목표가 완료될 때까지 계약이 유지될 수 있는가 같은 사전 점검 과정이 잘 이루어졌는지 여부이다. 세부사항은 그 후의 문제다.

계약에 관한 이런저런 고민은 연애에까지 이어졌다. 왜 연애를 시작하기 전에 내가 생각하는 당연한 연애에 대해 상대방과 제대로 이야기하지 않았을까? "나 비혼주의자야" "결혼해서 가정을 꾸릴 생각이 있는 사람을 만나고 싶어"라는 식으로 말이다. 하다못해 "나는 혼후관계주의자야"(어떤 이들은 결혼 전 성관계를 맺지 않기로 하는 태도를 '혼전순결'이라고 부르기도 하지만, 혼전순결이라는 용어는 주로 여성에게 결혼 전 성관계를 하지 않도록 강요하고 성관계 경험이 있는 여성을 비하하는 뉘앙스를 담고 있는 부정적인 용어다. 비혼여성의 성적자기결정권을 심각하게 침해하는 문화적 배경을 가지고 있기 때문에 이 책에서는 여성의 선택이라는 측면에 집중해 혼후관계주의자라는 용어를 사용했다)라든지, "일주일에 두번 이상 만나는 친밀한 연애를 하고 싶어"라는 말이라도 제대로 주고받으며 앞으로 사랑을 유지하는 방식에 대해 각자가 원하는 바를 미리 교섭하면 좋지 않았을까. 사회가 정해둔 방식을 그대로 따르는 것이 아니라 연애 당사자들이 원하는 방식을 정하기 위한 교섭 말이다.

사랑이라는 감정은 "사랑을 노력한다는 게 말이 되니"라고 묻던 박원의 노래 「노력」의 호소처럼, 노력과는 관련이 없거나 없어야만 한다고 생각되곤 한다. 그러나 사랑에 빠지는 순간은 노력과 무관할지 몰라도 그 사랑을 유지하고, 상대방에게 내 사랑을 전하고, 상대방의 사랑을 받아들이는 과정에는 분명 노력이 필요하다. 사랑을 유지하고 전하고 받아들이는, 바로 그 과정이 '연애'라고 나는 생각한다. 그래서 연애에는 노력과 신뢰가 필요하고, 연애를 시작하기 전에 제대로 된 교섭 과정이 필요하다. 마치 계약처럼.

1부

—

연애를 시작하기 전에

무작정 연애를 시작해서는 안 된다
계약 교섭 단계

"이제 사랑보다 연애를 하려고."

사랑꾼인 L이 어울리지 않는 말을 했다. 한참 동안 소주잔을 부딪치다 한숨과 함께 터져나온 말이었다. L이 그와 처음 만난 곳은 사람들의 시끄러운 말소리로 가득했던 어느 화려한 불빛 아래였다. L은 그의 눈빛이 마음에 들었고 외모가 분명 L의 취향이었다. L은 남녀관계에서 흔히 벌어지는 미묘한 심리 싸움인 이른바 '밀당'을 전혀 하지 않는 타입이었다. L과 그의 눈을 마주쳤고 둘은 이내 밤을 함께 보냈다. 몇번의 만남이 이어지고 나서야 L은 그가 현재 타인에게 마음을 열거나 상대를 배려할 정도의 삶의 여유가 없는 상태라는 것을 알게 되었다.

그럼에도 이미 사랑에 빠진 L은 매일매일 그에게 자신의
마음을 표현했다. 그의 꿈을 위해 L은 본업 외 나머지 시간
모두를 그에게 쏟아부었다. 그와 함께 작업하고, 공부하고,
아이디어를 나눴다. 그의 꿈이 곧 L의 꿈인 것처럼 헌신했
다. 그는 L의 노력을 자양분 삼아 조금씩 앞으로 나아가는
듯 보였으나 L의 공은 인정하지 않으려 했다. L이 원한 것
은 섹시한 잠자리나 드라마틱한 포옹이 아닌 다정한 말과
섬세한 이해였다. 자신의 세계와 스스로의 성취가 무엇보다
중요했던 그에게 L은 번번이 상처를 받았다. L은 점차 그와
함께할 미래를 떠올렸을 때 행복을 확신할 수 없었다. 몇
번의 헤어짐과 만남을 반복하며 이어지던 그들의 연애는,
결국 끝이 났다.

관계를 형성할 수 있는 사람인지를 타진하기도 전에 사랑
에 빠져버리는 L은 온 마음을 다 쏟아낸 상대와 겨우 헤어
진 다음에야 "이제는 헤어지지 않을 수 있는 사람, 믿을 수
있는 사람을 만나고 싶어"라며 쓸쓸하게 웃었다. 말은 저렇
게 해도 자신에게 찾아온 사랑 앞에서 결코 상대방을 잴 리
없는 L에게 나는 또 변호사 모드가 되어서 "그래, 앞으로는
마음을 열기 전에 어떤 사람인지 좀 살펴보자. 네가 주는 사

랑을 감사히 여길 수 있는 사람인지를 미리 좀…"이라고 말을 뱉어버렸다(실제로는 이런 욕 저런 욕을 하며 그가 그동안 L에게 얼마나 나쁘게 굴었는지 열변을 토하고, 다시는 그런 사람을 만나지 말자는 비장한 결의까지 했다). 그러나 해맑은 L의 표정에서 우리는 L이 왠지 조만간 너무나 L답게 다시 물불 가리지 않는 사랑에 빠질 것이라는 예감이 들었다. 나를 포함한 L을 아끼는 친구들은 L에게 '연애/사랑 사전검토제'를 도입해야 한다며 사랑에 빠지기 전에 상대를 우리에게 먼저 선보여라, 연애관계도 변호사의 자문을 받아야 한다 등등 걱정에 걱정을 늘어놓았다. 사랑에 빠진 L의 모습은 충분히 사랑스럽고 우리는 그런 L을 좋아하지만, 또다시 L의 사랑을 착취하는 매너 없는 상대방을 만나 L이 상처를 받을까봐 너무 걱정스러웠다.

유유상종이라고 했던가. L과 마찬가지로 나도 사랑에 빠지는 걸 좋아하는 사람이다. 좋아하는 대상이 있다는 사실은 내 생활에 제법 큰 에너지원이 된다. 나에게 누군가를 좋아하는 일은 무언가에 몰입한다는 것의 다른 말이기도 한데 그 몰입이 주는 쾌감이 상당하다. 내 사전에 '대충 좋아한다'는 것은 없어서 나의 흥미를 끌지 못하는 일이면 크게 관심을 두지 않는 편이다. 수동적으로 주어지는 상황에 적응

하는 일은 아무리 좋은 기회라도 나에게는 시시해 보인다. 적어도 내가 노력해서 획득한 기회에 더 많은 가치를 둔다. '게으른 천재형'보다 '성실한 노력파'를 더 높이 평가하고 좋아한다.

있는 그대로의 나를 드러내는 일

연애를 할 때도 내가 좋아하는 사람이 나를 좋아하는 일이 좋았다. 나를 좋아하는 사람을 받아주는 일은 별로 흥미롭지 않았다. 그래서 적당히 마음에 드는 사람이라면 내가 흠뻑 빠질 만한 매력을 발산하는지 몇번의 기회를 제공해보면서 내 마음을 들여다보는 정도의 교류를 했다. 반면에 강렬하게 내 관심을 끄는 상대가 나타나면 상대방이 어떤 사람인지, 어떤 문제들에 관심이 있는지, 어떤 사람을 좋아하는지, 무엇을 싫어하는지, 나에 대해 어떻게 생각하고 있는지 등 충분한 정보를 얻으려 노력하고 적극적으로 관심을 표현하곤 했다.

이 과정에서 어릴 때는 그 사람이 좋아하는 모습의 내가 되려고 부단히 애를 썼다. 화려하지만 잘 정돈된 외모를 좋아하는 사람을 만날 때는 그의 마음에 들기 위해 그 바쁜 학업 와중에도 풀 메이크업을 하고 옷도 신경써서 차려입고 다닌 적도 있고, 앞머리가 있는 것을 좋아하는 연인을 위해 몇년 동안 어울리지도 않게 앞머리가 있는 헤어스타일을 고수한 적도 있다. 작고 귀여운 여자가 좋다던 연인 때문에 전혀 작지도 귀엽지도 않은 스스로에게 자괴감을 느낀 적도 있었다. 하지만 자연스러운 내 모습을 보여주기보다 상대방의 기호에 맞추려 애쓰다보니 때로는 나 자신을 잃어버리는 것 같았다. 내가 어떤 모습으로 보일지에 더 신경쓰느라 나 스스로가 상대방의 마음 가까이에 가닿지 못한다는 느낌을 받았다. 더 정확하게는 상대방이 '진짜 나'가 아닌 '내가 보여주는 나'를 사랑하는 것 같다는 느낌이었다.

　이런 경험들을 돌이켜보니 있는 그대로의 나를 사랑해주는 사람을 만나는 것이, 그리고 내가 사랑하는 사람 역시 내 앞에서 자신의 모습을 그대로 드러낼 수 있는 것이 두 사람 모두에게 좀더 좋은 일이라는 생각을 하게 됐다. 영화 「브리짓 존스의 일기」에서 마크 다시(콜린 퍼스)가 브리짓 존스(르네 젤위거)에게 "I like you very much just as you are"(너의 있는 그대로의 모습을 좋아해)라고 말할 때 브리짓이 받았을 그 설렘을 느껴보고 싶었다. 나는 아무리 노력해도 내가 아닌 다른 사람을 흉내낼 수 없었고, 자연스럽지 않은 모습을 하고 상대방에게 온전하게 솔직하기는 어려웠다.

있는 그대로의 나를 드러내는 일은 본격적으로 연애를 시작하기 전부터 해야 한다. 서로 호감을 느끼기 시작할 때, 이른바 '썸'을 타는 관계에서부터 서로의 진짜 모습을 탐색해야 한다. 상대방이 마음에 드니까 일단 사귀고 보자고 생각해 관계를 시작했다가 상대방이 내 기대와 다르고, 나도 상대방의 기대를 충족시킬 수 없다는 걸 알게 된다면 이 연애의 끝이 좋을 리 없다.

내가 원하는 연애는

우리는 때로 영화에서 어떤 배우가 입은 저지 소재의 꽃무늬 원피스와 비슷한 옷을 사기 위해 무수히 많은 인터넷 쇼핑몰을 뒤진다. 즐거운 주말 오후를 보내기 위해 온갖 맛집을 검색하는 수고를 마다하지 않는다. 새로 이사할 집을 구할 때도 부동산 중개인의 차에 실려 이 집 저 집을 보러 다니며 이 집은 화장실이 너무 작네, 이 집은 부엌이 별로네, 이 집은 환기가 잘 안 되네, 이 집은 볕이 안 드네, 이 집은 전망이 별로네 하면서 평가를 하고, 내가 원하는 집을 찾기 위해 동분서주한다. 이렇듯 물건을 주문하고 결제하는 일, 식당에 가서 밥을 먹고 음식값을 지불하는 일, 임대차계약서를 작성하고 보증금과 월세를 송금하는 일과 같이 일상생활 속에서 다양한 계약을 체결할 때 우리는 참으로 많은 에너지와 노력, 관심, 시간을 쓴다.

그런데 하물며 연애할 상대방을 고르는 일, 그 사람이 어떤 사람인지 알아보는 일을 그저 '꽂힌다' '느낌이 온다'는 말로 대충 치워버려도 되는 걸까. 옷이 마음에 안 들면 환불하거나 친구에게 주면 된다. 맛없는 음식을 먹으면 다음에는 그 식당에 안 가면 된다. 이런 일들 때문에 마음에 큰 상처를 입거나 하늘이 무너지는 기분을 느끼거나 하루 종일 일이 안 되고 우울한 경우는 드물다. 그런데 연애는? 적어도 나는 연애가 잘 안 되면 만사가 귀찮고 우울하고 의욕이 없고 슬프다. 내가 좋아하는 모든 일들이 시시해진다. 이렇게나 중요한 인간관계를 순간의 감정에 휩쓸려 맺어버릴 수는 없는 일 아닌가.

있는 그대로의 나를 긍정하기로 한 다음 단계는 내가 어떤 연애를 하고 싶어하는지를 확인하고, 상대방은 어떤지를 파악하는 일이었다. 좋아하는 마음이 앞서 우리는 천생연분이라며 지레짐작하거나 혹시나 서로가 안 맞더라도 맞춰갈 마음으로 연애를 시작했다가 나의 짐작이나 기대와 달리 진행되는 관계에 더는 상처받고 싶지 않았다. 그렇지만 이런 대화를 나누는 일은 생각보다 용기가 필요했다. 있는 그대로의 나를 긍정하기로 했다고 해도 안 지 얼마 되지 않은 상대방에게 나의 생각을 솔직하게 내보인다는 것이 조금은 부끄럽기도 했고, 혹시나 내 감정이 축소되거나 과장되어 전달될까봐, 행여 상대방이 내 의도를 오해할까봐 걱정이 됐다. 숱한 고민 끝에 단어와 문장을 골라 내 생각을 정리한 뒤에야 내 앞에 있는 사람에게 적어도 내가 원하는 연애관계에 대해 이야기할 수 있게 되었다.

그 사람이 원하는 대로 어떻게든 맞출 생각이 아니라면, 내가 원하는 것을 상대방에게 적극적으로 표현해야 한다. 또한 상대방은 어떤 생각을 가지고 있는지도 물어보는 것이 좋다. 나 혼자 지레짐작하다보면 쓸데없이 에너지만 쓰고, 상대방을 오해하게 마련이다. 서로의 생각을 나눈 다음에 정말로 우리가 이야기한 그런 관계를 만들어나갈 수 있을지 가능성을 타진하고 미래를 상상해보는 것이다. 아무리 이윤이 많이 남을 것 같은 계약도 내가 그 계약을 완성하기 위해서 해야 하는 의무들을 다할 자신이 없거나, 할 생각이 없으면 결국 상대방을 속이는 셈이 되어 계약이 파투나기 십상이다.

사기죄로 고소장을 받은 많은 피의자들은 이렇게 말한다. "정말 갚을 생각이었어요." 그러면 검사가 따져 묻는다. "돈

빌릴 때 갚을 능력이 있기는 했습니까?" 막연히 '돈을 꼭 갚아야지'라고만 생각했을 뿐 돈을 구할 능력이 없는 상황일 때나, 돈을 갚을 수 없을 거라고 생각하면서도 상대방에게는 "그때까지 꼭 갚을게"라고 말하고 돈을 빌리는 일은 실제로 사기죄에 해당한다. 연애에서도 마찬가지로 사실은 상대방이 원하는 방식으로 잘해줄 수 없다는 것을 알고, 그대로 해줄 생각도 전혀 없으면서 "내가 잘할게. 네가 바라는 대로 뭐든 다 할게"라고 말하는 것은 기만행위이다. 그 말을 믿었던 상대방은 배신감을 느끼게 될 것이다(보통은 헤어졌다 다시 만날 때 이런 패턴이 되곤 하는데 결국 말한 대로 하지 못해서 같은 이유로 헤어지게 된다).

그렇기 때문에 실제로 본인이 원하는 연애관계와 상대방이 원하는 연애관계를 제대로 내어놓고 교섭하는 일은 상당히 중요하다. 상대방을 너무나 좋아한 나머지 어떻게 해서든 그가 좋아하는 모습, 그러나 실제 나와는 너무도 다른 모습을 연출한다 해도 결국에는 탄로 나게 마련이다. 정말 솔직한 게 최고다.

"나 네가 정말 좋아. 이대로 안 보는 건 너무 싫은데 솔직히 사귀는 건 자신 없어."

오랜만에 만난 K가 연애 상황을 업데이트했다. 최근 썸을 타기 시작한 사람이 그렇게 말했다는 것이다. 친구들은 일제히 그런 비겁한 사람을 더는 만나지 말라며 관계에 대한 확신도 없이, 사귈 생각도 없으면서 왜 네 시간을 허비하게 만드냐고 열을 올렸다. K의 생각은 달랐다. K도 사실은 그를 연인으로 두고 정착할 자신이 없었다. 정신이 혼미해질 정도로 좋아하게 된 사람이었지만 그래서 더 확신이 서지 않았다.

그는 K가 여태껏 만나오던 익숙한 타입의 사람이 아니었다. 사귈 수 없다고 말하면서 동시에 열렬한 고백을 하는 모순적 태도는 K에게 낯선 것이었다. "나도 네가 좋아. 솔직히 말해서 스무살에 했던 첫 연애 때처럼 너를 보면 심장이 두근거려. 우리가 서로 좋아하는 건 확실하니까, 그냥 지금처럼 만나자." K는 그와의 관계 정의는 일단 미뤄두기로 했다. 내가 좋아하는 사람이 나를 좋아한다는 것을 확인하는 일은 기적과도 같다는 것을 알기 때문이다.

그들은 그냥 보고 싶을 때, 시간이 맞으면 만나기로 했다. 서로를 위해서 일부러 시간을 비워두고 기다리는 일은 하지 않았다. 만나서는 때때로 각자가 그리는 연애에 대한 이야기를 나눴다. 연인이 아니었기 때문에 상대방에게 자기가 원하는 방식을 요구하기보다 그저 각자가 편한 방식의 자기 자신을 드러냈다. 연락하는 시간, 연락하는 방식, 좋아하는 음식, 함께하고 싶은 일들, 감정 표현의 정도, 대화의 방식, 예민하게 받아들이는 문제들, 라이프스타일 등에 대해 '나는 너에게 맞출 거야'가 아니라 '나는 이런 사람이야, 싫다면 당장은 슬프겠지만 그만 만나도 어쩔 수 없어' 정도의 감정 수위를 유지하며 서로에 대한 신뢰를 쌓아갔다.

어느 날 두 사람은 적정한 거리를 유지하면서도 꺼지지 않고 차차 깊어지는 감정을 확인했다. "이제 찔려서 다른 사람은 못 만나겠어." "나도 그래." 오랜 계약 교섭 단계가 끝나는 순간이었다.

연애와 계약

계약이란 간단히 말해 갑과 을이 특정한 책임과 의무를 이행하기로 합의하고 약속하는 것이다. 그렇기에 계약에는 다른 것보다 의사표시의 합치가 매우 중요하다. 서로 같은 내용으로 합의했는가에 따라 그 계약이 그 내용으로 성립이 되는지 안 되는지가 결정되기 때문이다. 그래서 보통 계약 관련 문제가 생기면 주로 한쪽에서는 "그건 합의된 내용이 아니다" "계약의 내용이 아니다"라고 주장하고, 다른 한쪽에서는 "계약할 때 그렇게 하기로 해놓고 왜 이제 와서 딴소리냐"라며 싸우게 되는 것이다.

사람들에게는 일반적으로 '연애하는 사이라면 이런 것은 해야 한다'라고 생각하는 것들이 있다. 그것들을 다 나열하고 서로 해주기로 하는 것, 그것이 바로 연애다. 계약을 통해 원하는 목적을 이루기 위해서는 앞에서 말했듯이 계약을 체결하기에 앞서 내가 계약하려는 사람이 이 계약에 적합한 상대인지를 제대로 확인하는 일이 먼저다.

그 계약이 연애라면 그 사람의 연애관계에 대한 지향은 어떤지, 즉 동시에 여러 사람과 연애관계를 맺는 것을 원하는지, 두 사람이서 배타적으로 연애하기를 원하는지도 알 수 있으면 좋을 것이다. 연애는 인간관계인 만큼 매일같이 연락하고 자주 만나는 친밀한 연애를 원하는지, 바쁜 와중에 갑작스레 시간이 맞아 만나는 돌발적인 연애를 원하는지, 향후 결혼 계획은 어떤지, 스킨십에 대해서는 어떻게 생각하는지 등 연애를 시작할 때도 일반적인 계약을 체결할 때와 마찬가지로 확인할 게 너무도 많다.

이뿐만 아니라 혹시 타인에게 모욕적인 언사를 하거나 물건을 집어던지는 습관이 있는지, 분노 조절에 문제가 있어 보이는지 등 향후에 혹시라도 폭력적인 행동을 할 가능성이 있는지도 확인할 필요가 있다. 무엇보다도 이 사람이 나를 좋아하는지, 나는 이 사람을 좋아하는지에 대한 마음의 확인이 전제가 되어야 함은 물론이다.

이 많은 것들을 덮어놓고 물어보지도 확인하지도 않고, 으레 내가 너를 좋아하고 너도 나를 좋아하니까 우리는 당연히 같은 생각일 거라 넘겨짚고 연애를 시작했다가는 기대와 다른 행동에 배신감을 느낄 수 있다. 그렇기 때문에 본격적으로 연애를 시작하기 전, 가볍게라도 이러한 부분들에 대해서 서로의 입장을 내비치고 조율하는 과정이 필요한 것이다. 이런 시간을 소위 '썸을 탄다'라고 하는데 썸을 타는 단계는 그래서 계약에 비유하자면 계약 교섭 단계라고 부를 수 있겠다.

계약 교섭 단계를 제대로 거치지 않고 갑작스럽게 사랑에 빠져 시작되는 연애도 물론 존재한다. 그렇다고 그러한 연애를 계약이 아니라고 할 수는 없다. 대부분의 연애관계에는 '배타적 애정관계'를 맺기로 하는 묵시적 합의(무언의 합의)가 존재하기 때문이다. 그렇기에 상대방이 바람을 피웠을 때 그를 비난하고 화를 낼 권리가 있는 것이다.

좋아한다고 꼭 사귀어야 하나

상대방이 나를 좋아한다고 해서, 그리고 나도 그 사람이 좋다고 해서 반드시 연인으로 발전해야 하는 것은 아니다. 연애는 반드시 해야 하는 의무가 아니다. 서로의 감정을 확인한 다음에라도 서로에게 연인이라는 이름으로 신의를 지킬 수 있을 것인지를 확인하는 시간이 필요하다. 연애는 유지하기가 참 어려운 계약이다. 어떤 물건을 사도 단순변심에 의한 환불이 무제한 인정되는 경우가 드문 데 반해, 연애에서는 단순변심이야말로 기간 한정 없이 언제든지 관계를 깰 수 있는 주요한 사유가 된다.

상대방의 강렬한 구애를 마주했을 때 남녀 불문 "내가 그 사람을 좋아하는 건지 아닌지 잘 모르겠어"라며 자신의 마음을 헷갈려하는 친구들을 많이 봤다. 이런 상태에서 연애를 시작한 친구는 "대체 그 사람이 왜 그러는지 모르겠어. 나를 좋아한다면 그렇게 하면 안 되는 거 아니야?"라고 불평을 하거나 공연히 상대의 트집을 잡기도 했다. 자신이 원하는 연애관계나 사회적 통념에 따른 역할에 상대방을 끼워 맞추려다보니 발생하는 일이다. 본인 마음도 잘 모르고, 상대방이 어떤 사람인지 잘 알아보지도 않고 시작하는 연애는 썩 추천하고 싶지 않다.

상대방이 나를 좋아한다고 해서, 혹은 나도 그를 좋아하는 것 같기도 하다고 해서 그 마음에 반드시 응해 연애관계를 형성해야 할 의무는 없다. 여러 사람과 썸을 타고 있는 중이거나 동시에 고백을 받아서 누가 더 나을까를 고민하는 상황에서도 마찬가지다(사실 이런 기회는 몇 년에 걸쳐 나눠서 오면 좋은데 희한하게도 한꺼번에 찾아온다). 나는 그런 친구들에게 반드시 연애를 해야 하는 것은 아니니 누군가를 꼭 선택해야 한다는 전제하에 비교하지 말고 각각의 사람과 연애를 할 마음이 드는지를 기준으로 판단해보라고 조언하는 편이다.

질문을 받았다고 해서 반드시 대답해야 할 필요나 의무는 없다. 무언가를 요청받았다고 해서 반드시 그것을 해주어야 하는 것은 아니다. 마찬가지로 구애 상황에서도 반드시 상대의 마음을 받아들여야 할 의무는 없다. 누군가에게 많은 선물을 받았건, 밥이나 술을 자주 얻어먹었건, 즐거운 시간을 함께 보냈건 간에 연애를 청하는 행위에 응해야 할 의무가 발생하는 것은 아니다. 오히려 같이 밥을 먹고 선물을 주고받고 상당 시간을 함께 보내는 동안 양자가 어느 정도의 관계를 형성하기로 신뢰를 쌓았는가, 연애라는 관계를 시작하기 위한 모색을 진행했는가를 확인하는 것이 더 중요하다. 연애는 양자가 동등한 위치에서 특정한 관계를 맺기로 약속하는 계약과도 같기 때문에 어느 누구에게도 '계약을 체결할 의무' 같은 것은 발생하지 않는다.

계약과 관련해 '계약 자유의 원칙'이라는 것이 있다. 계약 자유의 원칙은 크게 체결의 자유, 내용 결정의 자유, 방식의 자유 세가지로 나뉜다. 그중 '체결의 자유'는 당사자가 어떤 계약을 체결할 것인가, 누구와 계약을 체결할 것인가를 외부로부터 강제당하지 않고 마음대로 결정할 수 있는 자유 내지 가능성을 의미한다.

계약은 보통 계약을 하기 위해서 제안하는 의사표시인 '청약'과 청약을 받아들이는 의사표시인 '승낙'으로 성립하기 때문에, 체결의 자유는 당연히 청약의 자유와 승낙의 자유를 포함하고, 청약이 있는 경우에 이를 거절할 자유도 당연히 포함된다. 계약을 체결할 의무가 발생하려면 그 의무를 부여하는 별도의 계약을 해야만 한다(이러한 관점에서 사회적 의무도 사회계약이라는 큰 틀의 선행계약으로부터 비롯된다고 보는 시각이 존재하는 것이다). 쇼핑을 할 때도 물건을 구경하며 요목조목 살펴봤다고 해서 그 물건을 꼭 사야 하는 것이 아니듯, 연애관계를 맺는 문제에 있어 우리는 더 자유로워야 하고, 더 적극적이어야 한다.

민법에는 '신의성실의 원칙'이라는 것이 있다. "법률관계의 당사자는 상대방의 이익을 배려해 형평에 어긋나거나 신의를 저버리는 내용 또는 방법으로 권리를 행사하거나 의무를 이행해서는 안 된다는 추상적 규범"을 말한다. 쉽게 말해 계약을 맺은 두 사람이 서로에게 신의를 저버리는 행동을 하면 안 된다는 뜻이다. 이 원칙은 연애관계에서 무엇보다 중요한데, 그 이유는 연애라는 계약의 특별함 때문이다.

연애는 헤어지더라도 결코 연애를 하지 않았던 과거로 돌아갈 수가 없다. 함께 쌓은 추억, 데이트로 지출한 비용과 시간, 친구들에게 공유했던 이야기들, 그 어떤 것도 주워담을 수 없다. 그런 점에서 연애는 '해지'할 수는 있어도 '해제'할 수는 없는 특별한 계약이다(계약의 '해지'란 계약을 끝낸 시점 이후부터 계약관계가 소멸하는 것을 말한다. 그러므로 해지 시점 이전까지는 유효하다는 의미이다. '해제'는 계약 자체를 없었던 것으로 하는 것을 말한다. 그러므로 계약 시작 시점부터 지금까지의 모든 것을 소급적용해 원래대로 돌려놓아야 한다). 그렇기 때문에 관계를 시작하기 전에, 이 사람이 사소한 거짓말을 하는 사람은 아닌지, 연인이 있음에도 다른 사람과 쉽게 사랑에 빠질 수 있는 유형의 사람은 아닌지, 나와의 관계를 소중히 여기며 서로 노력할 자세가 되어 있는 사람인지를 파악하는 것이 중요하다. 약속을 가볍게 여기는 사람이라면 연애관계를 유지하기는 어려울 것이다.

아무리 순식간에 사랑에 빠졌다 해도 연애는 정말 다른

차원의 문제다. 사랑으로 그 모든 굴곡을 극복할 수 있다면 좋겠지만, 그건 당연히 불가능하다. 사람은 각자의 생활습관이 있고 가능한 감정 표현의 정도가 있고, 삶에서 연애에 할애할 수 있는 에너지의 양이 다르다. 모든 것을 미리 알 수는 없어도 최소한 서로 어떤 사람인지 알아보려고 노력하고, 확정된 관계로 나아가기 전까지 유예 기간을 갖는 것이 필요하다. 흔히 말하는 '썸을 타는' 시간 말이다.

"나는 네가 너무 좋아. 그런데 지금 당장 연애를 시작해도 될지 잘 모르겠어"라고 말할 줄 아는 사람은 이제 상대방이 좋아도, 그 감정은 조금 뒤로 미루어두고 이 사람과 연애관계를 형성해도 괜찮을지를 먼저 생각할 수 있는 기술이 생겨났다고 봐도 좋을 것이다.

1

나의 취미는
소개팅 주선

애인의 친구, 친구의 친구, 혹은 어떤 모임에서 새로운 사람을 만났을 때 그 사람이 대화 중에 언뜻언뜻 연애를 하고 싶다는 의사를 비치면 나도 모르게 "소개팅할래요?"라고 물어보게 된다(그렇다, 내 취미 생활은 '소개팅 주선'이다. 요즘 승률이 썩 좋지가 않아서 의기소침해져 있다). 물론 연애 중인지 여부를 묻는 것 자체가 어떤 사람에게는 무례하게 느껴질 수도 있다. 변명을 하자면 연애를 하고 싶어하는 뉘앙스의 말을 하는 사람에게만 눈치껏 물어본다. 정말이다.

연애에는 노력이 필요하고, 항상 즐거운 일만 있다고 장담할 수는 없지만 그럼에도 불구하고 나는 생활에서 제일 재밌는 일이 연애라고 생각한다. 연애를 하고 싶다는 사람을 만나면 어떻게든 그 마음을 충족시켜주고 싶다. 내가 (원만한) 연애를 하고 있다면 '당신도 즐거웠으면 좋겠어요'라는 마음이, 내가 연애를 하고 있지 않다면 '당신이라도 즐거웠으면 좋겠어요'라는 마음이 든다고 할까. 그리하여 이 낯선 사람이 연애 중이 아니며, 연애 상대를 찾고 있다고 말하면 내 눈은 갑자기 반짝거린다. '연애를 하고 싶어하는 사람이다! 그렇다면 새로운 사람을 소개해줄 테다!' 하며 마음이 달싹거리기 시작한다.

소개팅을 해주다보면 가끔 애프터서비스 요청에 시달리기도 한다. 나름 신경써서 소개를 해봤지만 잘 안 된 경우들이다. 연애는 당사자간의 일이라서 아무리 주선자가 이 사람과 저 사람이 잘 맞을 것 같다고 생각해도, 당사자가 매우 정확하고 자세한 기준으로 취향을 피력하지 않는 한 딱 맞는 상대방을 찾아주기가 쉽지 않다. 그럴 때는 '에라 모르겠다' 하고 그냥 현재 연애가 하고 싶다는 남녀를 선착순으로 연결해주면 의외로 뒷걸음질치다 횡재(성사)하는 수도 있다.

소개팅을 해줄 때는 나름의 철칙이 있다. "연애를 하고 싶다"라고 정확하게 의사표현을 할 것, 연애관이 명확한 편이고 그에 상응하는 연애 상대를 찾을 마음의 준비가 어느 정도 된 사람일 것. 소개팅은 적어도 '지금 내 눈앞의 상대가 나쁘지 않다면 사귀어보겠다'는 마음의 결정이 선 사람들 사이의 만남이어야 하기 때문이다. 그렇기 때문에 연애를 하고 싶지 않은 사람이나, 연애를 시작할 마음의 준비가 안 된 사람, 연애를 할지 말지 고민하는 사람에게는 별로 권하지 않는다.

"나는 첫눈에 느낌이 오는 사람을 만나고 싶어"라고 말하는 친구에게는 소개팅 대신 친구의 친구들이 모이는 자리에 빼지 말고 가볼 것을 추천하고, "낯선 사람이 나를 좋아한다고 하면 의심부터 들어"라고 말하는 친구에게는 그동안 썸을 탔거나 약간이라도 호감을 느꼈던 사람, 예전 애인 등 알고 지낸 사람들을 한번 쭉 만나보라고 권한다.

미학 이론 중에 '미적 태도론'이라는 입장이 있다. 아름다움이란 객관적인 특성이 아니라 그것을 감상하는 사람의 태도에 따라서 달라진다는 주장이다. 아름다움에 관한 논쟁에서는 그저 예전의 한 학설로 정리되어버렸지만, 연애 상대에 대해서만큼은 타당한 면이 있다고 생각한다. 대개 사람들은 평소에 '사람'으로서만 행동하지 성애적 매력을 발산하고 있지 않는 경우가 많고, 우리 스스로도 주변 사람을 연애 상대로 대하는 것이 아니다보니, 때로 어떤 사람의 성애적 매력을 보지 못했을 수도 있다. 내가 원하는 특징을 가진 사람, 나와 잘 맞는 사람이 연애 상대로 보이느냐 보이지 않느냐는 상대방을 보는 나의 태도에서 비롯될 수도 있다. 마음을 열고 주변도 잘 둘러보시라.

썸 타다 헤어져도 책임은 있다
계약 교섭의 부당한 중도 파기

"왜 연애 안 하세요?"

연애 상태를 물어보는 질문에 '솔로'라고 말하면, 자연스럽게 이 질문이 따라온다. 애인이 없는 두 사람이 같은 공동체에 속해 있으면 당사자들의 의사와는 상관없이 사귀라는 압박에 시달리기도 하고, 조금만 친분이 있어도 썸 타는 사이로 오인받기도 한다. 괜히 '연애 권하는 사회'가 아니다. 물론 나도 연애에 관한 이야기를 쓰고 있지만 연애, 안 해도 된다. 연애는 의무가 아니다. 연애는 계약이다. 계약을 체결하고 안 하고는 전적으로 나의 자유다.

고백할 자유, 거절할 자유

어떤 일이 나의 자유에 속한다는 말은, 내가 원하는 일이 있을 때 공동체가 허락하는 범위 안에서 그 일을 할 수 있는 권리와 그 일을 하지 않을 권리가 동시에 보장된다는 뜻이다. 예를 들어보자. A는 사업을 하기 위해 이미 은행에서 대출을 받았는데, 자금이 더 필요한 상황이다. 은행에서 추가 대출을 받기가 어려워진 A는 절친한 친구 B에게 사업자금을 빌려달라고 부탁한다. A가 보기에 사업의 전망이 좋기 때문에 B와 약속한 날짜에 반드시 돈을 갚을 수 있고 원한다면 이자까지 듬뿍 얹어서 돌려줄 수 있을 것만 같다. 그럼 친구 B의 입장은 어떨까.

B는 자신의 여윳돈을 A에게 빌려주고 일정 정도의 이자를 받기로 합의할 수 있다. 물론 돈이 있어도 A의 부탁을 거절할 수 있다. 또는 여윳돈은 없지만 은행 등에서 대출을 받아 A에게 빌려줄 수도, 돈이 없다는 이유로 A의 부탁을 거절할 수도 있다. A의 제안을 승낙하거나 거절하는 것은 모두 B의 자유에 속한다. A는 B가 거절한다면 서운하기는 하겠지만, 그렇다고 B에게 폭력을 행사하거나 B의 돈을 뺏을 수는 없다. B가 A에게 돈을 빌려준다면 이제 두 사람 사이에 계약이 성립하게 된다. 이 계약에 따라 A는 정해진 기간

내에 돈을 갚기로 한 약속을 지킬 의무가 생긴다.

마찬가지로 누군가를 좋아하게 되었을 때 고백할 자유가 있듯, 반대로 상대방에게는 그 고백을 거절할지 받아들일지에 대한 자유가 있다. 고백하는 사람과 고백을 받는 사람은 연애관계를 맺을지 말지에 대한 동등한 자유를 가진다. 이 동등함을 간과하고 누가 고백을 하기만 하면 연애가 시작되어야 하는 것처럼 상대방의 '거절할 자유'를 무시한다면 이 제안은 이미 구애가 아니라 폭력이 될 가능성이 높다.

썸과 연애의 경계는 어디일까

연애하는 사이를 규정짓는 단 하나의 요소는 무엇일까? 서로 좋아하는 마음을 확인하면 연애하는 사이가 될까? 좋아한다는 감정을 확인하는 일이 연애에서 반드시 필요한 단계이기는 하지만, 좋아한다고 곧바로 연애가 시작되는 것은 아니다. 일이 너무 바빠서 연애에 에너지와 시간을 할애하기 어려운 상황이라거나, 부양하고 있는 가족이 아프다거나, 현재 애인이 있어서 관계의 정리가 필요하다거나, 당장 외국으로 떠나서 돌아올 계획이 없다거나, 서로 연락을 주고받을 수 없는 상황에 있거나 등등 다양한 이유로 연애관계를 형성하지 못할 수도 있다.

드라마 「연애의 발견」을 보면, 윤솔(김슬기)이 오랜 기간 뒷바라지하던 최은규(구원)에게 차이는 장면이 나온다. 윤솔은 최은규가 입사시험을 준비하고 대기업에 취업하기까지 2년 동안 주말마다 만나 함께 시간을 보냈기 때문에 최은규와 '연인 사이'라고 생각하고 있었다. 그런데 막상 최은규는 강원도로 여행을 가자며 호피무늬 속옷을 선물한 윤솔에게 "우린 친구잖아, 저스트 프렌드"라고 말한다. 충격을 받은 윤솔은 자리를 뜨는 최은규를 막아서며 "너 취직하기 전에 주말마다 커피 마시고 도서관 가고 영화 보고 밥 먹고 술 마시고 그거 데이트 아냐? 2년 동안 봄 오면 소풍 가고, 취직했을 때 제일 먼저 전화한 사람도 나고, 차 살 때도 같이 가고, 집 구할 때도 같이 보러 다니고, 우리가 안 사귀었다고?"라며 따져 묻는다. 그런 윤솔에게 최은규가 한 말은 "안 잤잖아, 우리"였다.

어떤 사람들은 드라마 속 최은규처럼 '자는 것'을 연애의 징표로 여길지도 모르겠다. 스킨십을 기준으로 연인임을 확인할 수 있다고 생각하는 것이다. '손잡으면 사귀는 사이지' '키스하면 사귀는 사이지' 나아가 '잤으면 사귀는 사이지' 등 스킨십의 단계를 기준으로 사귀는 사이를 정의한다. 그런데 막상 보면 손을 잡고 다니거나, 가끔 키스를 나누거나,

심지어 종종 잠자리를 같이하지만, 서로를 연인이라고 인정하지 않는 사람들도 존재한다. 성관계 여부가 연애하는 사이의 증거라면 원 나이트 스탠드는 그날 사귀고 그날 이별하는 연애관계라고 정의 내려야 하고, 혼후관계주의자가 맺는 관계는 연인관계가 아니라는 뭔가 이상한 결론에 도달한다. 그리하여 도대체 '썸'과 '연애'의 차이가 무엇이냐, 그 경계가 어디냐 하는 진지한 논쟁이 여기저기서 일어나고 있다. 각종 글과 방송 프로그램에서, 심지어는 노래 가사에서도 '썸'에 대해 이야기한다. 사람마다 '썸'의 기준은 다르겠지만 '고백' 없이 이런 애정 행각을 하는 사이 전체를 '썸 탄다'라고 말하기도 하는 것 같다. 아니면 '그냥 만나는 사이'라든지.

그런 면에서 보면 연애관계는 사귀기로 약속하는 것이 핵심적인 내용이 될 것 같다. 사귀기로 약속함으로써 상대방에 대해 책임과 의무가 발생한다. 그래서 사귀기 전 단계는 '썸'이라고 부르고, 사귀는 관계와 달리 책임과 의무가 없는 것처럼 생각되곤 한다.

썸은 서로에 대한 책임이나 의무는 없고 그저 좋고 끌리는 감정이 앞서는 사이이기 때문에 마음 상할 일은 많아도 부담스러운 일은 별로 발생하지 않는다. 상대방이 나와 만나지 않은 금요일 밤에 누구와 있었는지 궁금해도 대놓고 물어볼 수가 없어서 전전긍긍하게 되더라도 한편으로는 '그래 뭐, 우리가 무슨 사이라고 그런 걸 알아야 돼'라고 스스로를 다독일 수 있는 여지가 있다. 반대로 나 역시 상대방에게 내가 무엇을 하는지 알리지 않고, 상대방의 눈치 보지 않고 금요일 밤을 보낼 자유도 허락된다. 썸에는 책임이 없고 의무가 없다. 곧 배타적 연애관계가 아니라는 뜻이다. 그렇지만 정말 아무런 책임도 의무도 없을까? 썸에도 생각보다 굉장히 많은 단계가 있다.

그냥 만나던 사이에서 그만 만나는 사이로

"그냥… 그쪽이 연락이 뜸하기에 나도 연락 안 했는데 그러다보니 어느새 끝나 있네?"

그래서 그 사람과 사귈 거냐고 묻는 나의 질문에 Y가 대답했다. 분명 한달 전까지는 매일같이 연락을 주고받고 주말마다 만나 데이트하고, 미리 약속하지 않은 평일에도 시간이 맞으면 즉흥적으로 만나서 뜨거운 밤을 보냈다. 매 순간이 설레고 일탈하는 기분이 짜릿했다. 그런데 언제부터인가 그의 연락은 즉답에서 반나절로, 반나절에서 이틀로 바뀌어 갔다. '나중에 연락할게' 하고는 연락이 오지 않는 날이 많아졌다. 자존심이 상한 Y도 때로 다른 사람을 만났다. 그도 아마 그랬을지도 모를 일이다. Y는 이 관계가 끝난 건지 아닌 건지 헷갈린다고 했다.

"그래도 제법 몇달 만난 것 같은데 이렇게 그냥 지나가도 되는 거야? 그 사람이 갑자기 나타나서 너보고 바람 피운다고 비난하면 어떡해?"

"사귀자고 안 했잖아. 그럴 거면 자기가 이런 식으로 연락을 끊으면 안 되지."

Y는 장난스럽게 웃으며 와인잔을 들었다. 동시에 휴대전화도 울렸다. 그 사람이었다. Y는 그 이후로도 가끔 그 사람을 만났다. 물론 새 사람도 꾸준히 보는 것 같았다. 그들 모두에 대해서 Y는 애인이 아니라고 했다. 그러나 양쪽 파트너들에게 다른 사람의 존재에 대해서는 말하지 않은 것이 분명해보였다.

썸은 본격적으로 시작한 적이 없기 때문에 잘 끝나지도 않는다. 썸을 타다 깨지면 대놓고 슬퍼하기도 참 애매하다. 사귀는 사이도 아니었는데 '이별'이라고 말하기 난감하다. 서서히 연락이 뜸해지다가 마음이 다치고 점점 멀어지면 그걸로 '그냥 만나던 사이'에서 '그만 만나는 사이'로 변경된다. 어쩌다 연이 닿으면 다시 만나기도 하지만 때로는 아무

것도 없이 '썸의 종결'이 발생하기도 한다.

썸은 아무렇게나 끝내도 되는 걸까

"나는 왜 맨날 썸만 타다 끝날까? 연애하는 거 왜 이렇게 힘드니."

친구 C가 이번에도 실패라면서 하소연을 했다. 썸만 타는 것을 즐기는 Y와 달리 C는 썸을 넘어 공고한 연애관계를 원했다. 하지만 안타깝게도 C가 만난 사람들은 금방이라도 사귈 것처럼 데이트를 하다가도 결정적일 때 연락을 끊어버리거나, 스킨십이며 여행이며 연인간에 할 만한 건 다 해보고서도 사귀는 건 안 되겠다는 말을 했다. 상대방이 연애라는 진지한 관계가 주는 부담을 싫어해 매번 썸만 타다 끝나고 마는 것이다. 썸에는 아무런 책임도 의무도 없다고 한다면, 그 썸이 끝날 때 받는 상처는 단지 나의 쿨하지 못함 때문인 걸까? 썸은 아무렇게나 아무 때나 끝내도 되는 걸까?

계약법은 계약이 체결되지 않았어도 마치 계약이 체결될 것처럼 교섭을 진행했고, 상대방도 곧 계약이 체결되리라고 정당하게 기대를 했는데 한쪽에서 일방적으로 신뢰를 깨버리면, 예외적으로 그 사람에게 손해배상책임을 인정하기도 한다. 서로 상대방과 계약을 체결할 마음으로 교섭을 진행하는 것이니만큼 주고받는 정보의 양이 늘어나고 조건을 조율하는 정도가 심화될수록 계약이 체결되리라는 기대가 올라가게 마련이기 때문이다. 법원이 손해배상책임을 인정한 대표적인 사례는 이렇다.

어떤 협회가 소유 건물에 조형물을 설치하기로 하고 5명의 작가에게 샘플 제작을 의뢰한 다음 그중에서 1명을 선정해 그 작가와 조형물의 제작 및 납품, 설치 계약을 하기로 했다. 협회는 샘플을 제공한 작가들 중 1명의 작품을 당선작으로 선정하고 그 사실을 알렸는데 그후로 거의 3년이 지나도록 제대로 계약을 체결하지 않다가 조형물 설치를 취소하겠다고 통보했다. 알고 보니 협회에서 다른 작가에게 의뢰해 이미 조형물을 설치한 후였다. 당선 사실을 통보받았던 작가는 당연히 계약이 체결된다고 생각했을 것이다. 협회가 내부 사정을 이유로 자기들 마음대로 그 작가 대신 다른 작가와 계약을 체결한 것은 분명 '계약 자유의 원칙'의 한계를 넘는 위법한 행위로 인정될 수밖에 없다. 협회는 손해배상책임을 져야 했다.

썸을 타는 관계도 사회관계망서비스(SNS)에서 메시지 몇 번 주고받은 사이에서 시간이 맞으면 데이트하는 사이로, 약간의 스킨십을 하는 사이로 나아가다가, 어느 순간이 되면 상대방이 연애 감정을 갖고 만나는 사람은 오로지 나뿐이었으면 하는 기대가 생기게 된다. 그런데 그 과정에서 마치 곧 연애관계로 넘어갈 것처럼 연락을 하고 좋아한다고 고백하고, 독점욕을 발휘해놓고서는(당선작으로 선정해서 그 사실을 알리고), 갑자기 다른 사람과 사귄다고 통보해온다거나, 연락이 끊겨서 알아보니 애인이 생겼다면(다른 작가와 계약을 체결했다면), 과연 이 관계에서 그 사람의 책임은 없는 것일까? 물론 사람 마음이 하루아침에 돌아설 수도 있다. 그렇지만 '썸'도 '썸' 나름이다.

일정 시간 동안 서로 연인인 것처럼 시간을 보내고 감정을 나누고 관계를 형성해왔다면, 일반적인 연인과 다를 바가 없을 정도로 신뢰를 쌓았다면, '사귀자'는 말 한마디를 하지 않았다는 이유로 연인이 되었을 때 감당해야 할 상대방에 대한 의무와 책임을 회피할 수는 없다. 그건 연애관계에서도 자유의 범위를 넘어서는 일이다.

'썸'이라고 해도 저마다 상호간에 보낸 시간과 감정의 깊이에 따라서 지켜야 할 예절이나 책임 같은 것이 분명히 있다. 사귀지 않더라도 관계에 책임을 져야 하는 일들이 생긴다. 적어도 관계를 더 진행할 것인지, 아니면 이 정도 선에서만 즐기다 말 것인지, 상대방이 나에게 보내는 감정, 내가 상대방에게 주고 있는 신호의 의미에 대해 책임감 있는 태도를 보여야 한다. 자신이 없다면 '애매하게 지내기로 하는 약속'이라도 하는 것이 좋다. 어느 한쪽에서 어떤 선을 넘으려고 할 때, 연인으로의 진전을 기대하지 않게 하는 방어선 같은 것 말이다.

모든 자유에는 책임이 따른다. 썸을 타다 끝내도 책임이 있다.

계약연애는
과연 연애일까

'썸 타기'가 연애 전 거치는 당연한 단계인 것처럼 여겨지기 시작하면서 '좋아해'라고 고백했다고 해서 다 사귀는 것은 아닌 경우가 종종 생겨났다. 분명 너와 나는 좋아하는 사이는 맞는데 사귀는 사이는 아닌 애매하고 이상한 관계들 말이다. 매일같이 연인처럼 문자 메시지를 주고받고 통화를 하고 데이트를 하고 일정 정도의 스킨십도 하지만 애인은 아니라는 그런 사이. 그렇기 때문에 '사귀자'라는 말 한마디, 우리가 만난 지 며칠이 되었다는 기념일 챙기기 등 관계를 확정짓는 의사표시가 더 중요해졌다고도 볼 수 있다.

그러다보니 다른 한쪽에서는 서로 좋아하는 감정의 확인 이전에 '사귀기로 하는 의사표시'를 우선하는 '계약연애'라는 형태의 관계를 맺는 사람들도 생겨났다. 인터넷에는 이러한 계약연애를 위해 합의해야 할 목록을 제시하는 글들도 제법 있다. 연애 기간은 언제부터 언제까지, 스킨십 월 몇회,

데이트 주 몇회, 호칭은 무엇으로 할지, 계약해지 사유가 되는 조건 등. 그러나 연애의 핵심은 서로에 대한 신뢰와 사랑이다. 계약연애처럼 연애의 외형만을 취하는 행위를 연애라고 부르고 싶지는 않다.

상대의 현재 연애 상태 확인하기
등기부등본 열람

"연애하기 전에 꼭 해야 하는 게 뭐가 있을까?"

"인터넷 검색. 레퍼런스 체크."

H가 말했다. 너무나 단호한 말투에 웃음이 터져나왔다. 생각해보니 정말 맞는 말이었다. 집을 사거나 이사를 할 때 보통 매수인이거나 임차인인 우리는 부동산 등기부등본을 확인한다. 내가 계약하려는 부동산에 저당권 등의 담보가 있는지, 현재 유효한 저당권이 없더라도 같은 사람이 부동산을 소유하고 있는 동안 여러번 저당권을 설정했다가 말소하는 식으로 등기부가 어지럽지는 않은지 등을 체크하는 것이다. 부동산에 저당권 등기가 설정되어 있으면 추후 매도

인/임대인이 빌린 돈을 갚지 못할 경우 저당권이 설정되어 있는 그 부동산이 경매에 넘어갈 가능성이 있다는 뜻이기 때문이다.

연애 상대에 대해서 레퍼런스 체크를 하는 것은 집을 구할 때 등기부등본을 떼어보는 것에 치환해 생각해볼 수 있다. 저당권이 있는 상태를 용인하고 그 집에 들어가는 것은 위험을 알고도 계약을 체결한다는 점에서 애인 있는 사람과 연애하는 것과 별반 다르지 않다.

연애 세계의 등기부등본

"요새 다 카카오톡 프로필 사진 확인해보고, 인스타그램 계정 타고 가서 사진 보고, 페이스북도 뒤지고, 구글 검색도 해보고 만나지, 누가 그냥 인물이 반반하다, 성격이 맘에 든다 하며 만나니? 나 저번에 누가 자기 거래처에서 알게 된 사람인데 너무 괜찮다고 소개팅해준다기에 이름이랑 연락처를 받았거든. 받고 나서 구글 검색을 해보니까 글쎄 이혼을 두번이나 한 사람이더라고. 페이스북에는 전 부인과 찍은 사진이 아직도 그대로 있고. 아니, '돌싱'인 건 그렇다 쳐도 사기결혼이니 하는 말까지 검색에 뜨는데 그런 사람을 어떻게 만나. 진짜 잘생겨가지고, 얼굴만 보고 만났으면 큰

일 날 뻔했잖아."

　요즘 부동산 중개인을 거치지 않고 직접 거래를 하는 경우가 늘어나는 추세인데, 다른 것은 몰라도 등기부등본도 떼보지 않고 그 집을 계약해서는 안 된다. 정말, 절대로 안 된다(매도인/임대인이 빚이 많은 사람일 수도 있다. 그러나 저당권 등기가 설정되어 있지 않다면, 그의 채권자들은 일반 채권자이므로 매수인/임차인과 같은 지위의 채권자가 된다. 불안 요소이기는 해도 절대적 위험 요소는 아니다). 저당권자는 집을 경매로 팔아 생긴 돈에 대해 우선권이 있다(물론 임대차계약의 경우, 임차인은 보증금 일부에 대해서 누구보다도 우선순위를 보장받을 수 있지만, 그것도 주민등록을 이전하고 임대차계약서에 확정일자를 받았을 때라야 가능하다). 그러므로 매매든 전세든 월세든 집을 계약할 때는 저당권이 있는지를 필히 확인해야 한다. 또 한가지 덧붙이자면 그 집에 현재 임차인이 있는지 여부도 꼭 따져봐야 할 중요한 요소이다. 당장 이사를 할 수가 없을지도 모르기 때문이다.

　마찬가지로 '연애 세계'에서도 등기부를 떼어보듯 상대의 현재 연애 상태를 확인해야 한다. 결혼 여부는 가족관계 등록부를 떼어보면 알 수 있겠지만 본인이 아니면 발급받을 수가 없으니 논외로 하고, 남는 것은 직접 물어보는 방법, 왼손 약지에 반지를 끼고 있는지 확인하는 방법, 주변 사람에게 물어보는 방법, SNS를 훑어보고 게시글에 '좋아요'를 누르거나 댓글을 남긴 이성(이라 추측되는)의 계정에 모두 들어가보는 방법, 태그되어 있는 사진을 타고 들어가보는 방법, 전화가 왔을 때 상대방 이름이 어떻게 저장되어 있는지 유심히 살펴보는 방법 등 다양하다. 사실 그중 가장 쉬운 방법은 직접 물어보는 것이지만, 섣불리 물었다가 내가 상대방에게 호감이 있다는 걸 들킬 가능성도 높고, 상대방이 솔직하게 말하지 않는 경우도 왕왕 있다보니 대개는 SNS를 훑어보는 방법을 더 선호한다.

애인이 있는 사람을 좋아하면 안 되나요

나는 연인이란 나의 삶과 마음에 상대가 머물 방을 내어주는 관계라고 생각한다. 그와 일상의 상당 부분을 함께하면서 쉬기도 하고, 놀기도 하고, 울기도 하고, 위로받기도 하는 공간을 내어주는 관계 말이다. 그렇지만 온전히 그 사람을 소유할 수는 없는 탓에 소유권자가 아닌 임차인 또는 저당권자가 되는 게 아닌가 하는 생각이 든다.

누군가를 좋아하게 되었을 때 혹은 호감을 느낄 때 우리는 그 사람의 곁에 누가 있는 건 아닌지 알고 싶어진다. 그 사람에게 연인이 있다면 그 관계가 어느 정도 공고한지를 확인할 필요가 있다. 커플 반지를 끼고 있거나 SNS 게시물에 서로 태그를 하는 것 같은 공개적으로 연인임을 공표하는 사람이라면 아무래도 부담스러울 것이다. 그 사람에 대한 연애 감정은 결국 그 사람이 관계를 맺고 있는 상대방에 대한 선전포고로 이어지고, 그들의 관계가 공개적이면 공개적일수록 그를 내 연인으로 만든다 해도 사회적 비난을 신경쓰지 않을 수 없다. 연인이 되지 못한다면 더더욱 비참해지기 쉽다.

물론 요즘에는 애인이 있는 상대를 노리는(!) 것을 두고 바람을 피운 사람과 그 사람 애인의 문제이지 왜 남들이 왈가왈부하냐고 보는 시각도 늘고 있다. '애인이 있지만 다른 사람과 사랑에 빠지는 일'에 대해 사람들이 예전보다는 많이 관대해졌기 때문이다. 그렇지만 애인이 있는 사람과 그가 애인이 있다는 사실을 용인하면서까지 연애 감정을 나누는 일은 별로 추천하고 싶지 않다.

"미안한데, 나 여자친구랑 헤어지겠다고 말한 적 없어. 너도 알고 나 만난 거였잖아."

마음이 힘들다고 하소연하는 G에게 그는 냉정한 말을 너무도 다정한 음성으로 뱉었다고 한다. G는 그저 그의 옆에 있는 것이 좋아 "나를 좀더 좋아해주면 안 돼?"라고 말했고,

그게 관계의 시작이었다. 그는 자신에게 맹목적으로 빠져드는 G와의 시간을 좋아했다. 무언가 이상함을 느끼고 매일 밤 자신을 찾아오는 연인을 안심시키려 애쓰면서도 제법 오랜 시간을 G에게 할애했다. 그렇지만 그게 다였다. 그는 G를 좋아했지만 만나고 있는 사람과 헤어지고 G와 사귈 생각은 없었다. 결혼을 약속한 연인과의 관계는 G와의 관계가 오히려 윤활유로 작용해 더 순조롭게 유지되었다. 그러던 어느 날 그는 G에게 일방적으로 관계 종결을 선포했다. "나 그 사람한테 미안해서 더는 안 되겠어." G는 아무 말도 할 수 없었다고 했다. 그는 "우린 솔직히 만난 건 아니지 않아? 그냥 논 거지"라고 덧붙였다. 그에게는 둘의 관계가 썸조차도 아니었던 것이다. 시간이 지난 뒤 G가 말했다. "후회하지는 않지만, 상처는 정말 많이 받았던 것 같아."

애인이 있는 상대방은 사실 도의적으로 느끼는 양심의 가책이나 현재의 애인에 대한 죄책감을 제외하고는 손해볼 게 별로 없다(양심의 가책이나 죄책감이 큰 손해이기는 하지만 여하간 그렇다). 애인이 있음을 알고서도 스스로 '스페어' 혹은 '세컨드'가 되기를 자청하는 상대를 마다할 이유가 없다. 들키지만 않는다면 다시 애인에게 돌아가도 된다. 그러니까 믿는 구석이 있다는 얘기다. 그런 사람과의 관계는 먼저 덤빈 사람만 손해다.

애인이 있는 사람은 굳이 지금의 애인과 헤어질 게 아니라면 상대 때문에 안달할 이유도 없고, 그저 나에게 주어지는 사랑을 받아먹기만 하면 되기 때문에 자연스레 '밀당'이 가능해진다. 애인이 있는 것을 알면서 덤벼든 사람만 되레 상대방의 여유로움에 안달복달하게 된다. 당신의 마음에서 내가 2등이어도 괜찮다고 이미 용인한 사람은 상대에게 원하는 것을 요구할 수가 없다. 이런 관계는 감정적으로 동등하지 못할 뿐만 아니라 위험부담을 안은 사람의 마음에 큰 상처를 남긴다. 애인이 있는 사람이 애인과 헤어질 생각은 전혀 없으면서 다른 누군가와 애정관계를 형성한다면, 그건 연애가 아니라 감정적 착취에 불과하다.

그러므로 내가 당신의 연애 관련 변호사라면, 나는 당신에게 상대방의 연애 상태는 확인했느냐고 먼저 물을 것이다. 부동산을 매수하겠다고 할 때, 그 부동산의 등기부등본은 떼어봤느냐고 묻는 것처럼.

기혼자와의 연애는
잃을 게 너무 많다

  기혼자와의 외도의 경우 형법상 간통죄는 없어졌지만, 상대의 배우자에게 위자료를 물어줘야 할 수도 있다. 가사소송법에서는 배우자의 상간자(간통의 상대방)에게 손해배상을 청구할 수 있도록 정하고 있다. 상간자에 대한 손해배상청구는 바람을 피운 사람의 배우자가 이혼을 하지 않고도 할 수가 있다. 당신의 비겁한 연애 상대는 당신이 자신이 기혼자임을 알면서도 만났다는 증거를 배우자에게 전달해주고 용서를 받았을지도 모른다. 그래서 나는 우스갯소리로 "돈 5,000만원(상간자에 대한 위자료는 몇백만원에서 몇천만원까지 천차만별이다)과 사회적 비난을 감수하고서라도 만나야 하는 정도의 사랑이 아니고서야 절대 하지 말아라"라고 말한다.

  처음에는 상대의 결혼 사실을 몰랐다가 나중에 알게 되었다면, 그 즉시 헤어져야 한다. 그 사람이 나에게 올 것이라는 헛된 희망에 매달리거나, 상대의 "곧 이혼할 거야, 조금만 기다려줘"라는 말도 믿지 말라고 조언한다. 이혼은 쉬운 과정이 아니다. 결혼은 법적으로 보호받는 관계이고, 상대방이 합의해주지 않는 한, 소송이 진행되면 몇년이 걸리는 길고 긴 싸움이다. 그 모든 시간을 버텨야 하는 힘든 연애라니, 어떤 상황에서도 추천하고 싶지 않다.

우리 오늘부터 사귀는 거다
의사의 합치와 계약서 작성의 필요성

처음 민법을 배울 때 청춘남녀였던 나와 동기들은 연애 계약 체결을 위한 고백(혹은 관계를 시작하자는 의미의 의사표시)의 성격이 무엇인가에 대한 논쟁을 벌이곤 했다. 고백은 (관계) '형성의 소訴'와 유사한가 (관계) '확인의 소'와 유사한가 하는 것. 실로 열렬한 논쟁이었다.

'형성의 소'는 법률관계의 변경을 선언하는 판결을 청구하는 소송을 말한다. 이혼소송이 대표적인 형성의 소라고 할 수 있다. 합의이혼이 되지 않을 때 부부 중 이혼을 원하는 일방 당사자가 법원에 이혼소장을 접수한다. 법원은 소장이 접수되면 재판을 진행하고, 법에서 정한 이혼 사유가 있을 경우에 두 사람이 이혼한다는 내용의 판결을 한다. '확인의 소'란 다툼이 있는 권리나 법률관계가 있는지 없는지를 확인해주는 소송을 말한다. 이 물건의 소유권이 나에게 있는지 여부를 확인해달라고 법원에 청구하는 '소유권 확인' 소송, 채권자가 주장하는 채무가 나에게 없다는 사실을 확인해달라는 '채무부존재 확인' 소송 등이 이에 해당한다.

이를 연애계약에 비유하자면, '사귀자'는 고백의 의미를 고백 시점부터 연애가 시작되는 것이라고 해석한다면 '형성의 소'에 가까울 것이고, 썸이 진행되어 사실은 연애 상태를 확인하는 것에 불과하다고 해석한다면 '확인의 소'에 가까울 것이다. 그렇지만 이제 와 생각해보니 이는 법원이라는 제삼자를 통해야 한다는 점에서 다소 부족한 논의였다. 연애는 개인과 개인 사이에서 벌어지는 의사표시의 문제에 가까운데, 민사재판 절차에 대한 법인 민사소송법을 막 배우기 시작한 때라 의사표시의 주요 상대방을 개인보다는 법원으로 치환해서 떠올리는 쪽으로 생각이 갇혀 있었던 것 같다. 아직 일천한 법조 경험이지만 지금의 나는 고백이 형성의 소나 확인의 소가 아니라 '계약서'와 같다고 생각한다. 소송은 법원이라는 제삼자가 끼어들어 판정을 해줘야 하는데, 연애는 오롯이 두 사람의 일이기 때문이다.

연애의 시작을 알리는 한마디

"솔직히 말해서 나 지금은 연애할 여유가 없어."

어두운 조명 아래, 고백의 말을 하지 못한 채 술잔만 쳐다보던 M에게 그가 말했다. M은 아직 고백도 안 했는데 벌써 차여버릴 수는 없다는 생각에 용기를 내어 그의 손을 잡았다고 한다. 그렇게 시작된 관계는 다음 날에도 그다음 주에도 그다음 달에도 이어졌다. 그러나 둘 사이에 우리는 연인이라는 확실한 대답을 주고받은 일은 없었다. 대외적으로 연인이라고 공표하지도 않았다. 그저 둘만의 세계에서, 주로 그의 집에서 사랑놀이가 이어졌을 뿐이었다. M은 오랜 기간 그와 자신의 관계가 과연 연인이 맞는지, 그저 섹스 파트너나 데이트 메이트에 불과한 것은 아닌지 확신할 수 없어 괴로워했다. 어떤 관계인지 물어보라는 나를 비롯한 친구들의 조언은 허공으로 흩어져 힘을 발휘하지 못했다.

"그게 그렇게 쉬운 문제가 아니야." M은 연인이 맞는지 묻는 순간 혹시 관계가 깨지는 것이 아닐지 불안해했다. 그가 M에게 주는 다정한 눈빛, 따뜻한 포옹, 애정 어린 경청이 너무나 달콤했기 때문이었다.

사랑의 감정이 희미해지던 어느 날, M은 그제야 그에게 물었다. "나를 뭐라고 생각하고 여태까지 만났어? 애인? 기간 정해놓고 데이트하다가 헤어질 사람? 섹스 파트너?" 전화기 너머로 황당해하는 헛웃음이 들렸다. "애인이지 당연히. 그게 대체 무슨 말이야." 헤어지는 순간이 되어서야 그들은 연인관계였음이 소급적으로 합의되는 아이러니에 직면했다. M은 관계의 불확정성에 고통받아온 지난날이 너무나 서글퍼졌다. 마찬가지로 관계에 확신을 가지지 못하고 혼자 고통받아왔다는 M의 말을 들은 그도 지나온 시간을 비난받은 기분에 쓸쓸해졌을 것이다.

비슷하게 영화 「500일의 썸머」에서 썸머(조이 데이셔널)는 톰(조지프 고든 레빗)에게 "진지한 관계를 원하지 않는다"고 말한다. 톰은 계속 썸머에게 "우리는 무슨 사이냐"며 명확한 연인관계를 설정하고 싶어한다. 썸머는 톰에게 좋아한다고 말하면서도 어떤 사이인지에 대한 확정적인 대답은 미뤄둔 채 '친구'라고 이야기한다. 그럼에도 불구하고 톰은 썸머를 향해 연인으로서의 감정을 표출한다. 이 둘은 연애를 한 것일까, 안 한 것일까.

의외로 고작 '사귀자' 한마디가 없어서 전전긍긍하고 관계의 공고함에 불안을 느끼는 사람이 많다. 나도 그런 일들에 조바심을 냈던 적이 있었다. 한편으로는 사귀자는 말이 없다는 점을 핑계로 상대방에 대해 더는 진지해지지 않으려고 거리를 두며 자유를 만끽하고 싶었던 적도 있었던 것 같다. 관계의 모호함은 때로 스릴이나 드라마틱한 감정 기복을 선물해주었지만, 그만큼의 불안감이 따라왔다. 선택은 자유다. 모호함이 주는 쾌감이 불안감을 상쇄할 수 없다면 상대방의 말을 기다리기보다는 먼저 용기 내어 상대방에게 말할 필요가 있다. "우리 사귀자"라고 말이다.

계약서 없는 계약

민사소송은 법원에 재판을 청구한 원고가 증거를 통해 자기주장의 타당성을 증명해야 한다. 계약서 없이 구두로만 계약했는데, 나중에 상대방이 발뺌하면 아무리 '하늘이 알고 땅이 알아도' 결국에는 계약했다고 주장하는 쪽이 구구절절 증명해야 한다. 돈을 돌려받기 위한 소송이라면 돈을 준 목적, 즉 빌려준 것인지, 그냥 준 것인지, 투자를 한 것인지, 물건을 사기로 하고 선지불을 한 것인지 등을 소송을 제기한 사람이 증명을 해야 한다.

돈을 줄 때는 이유가 명확했다 하더라도 계약서가 없으면 돈을 돌려받아야 할 때 상황이 복잡해진다. 내가 돈을 줬던 목적을 상대가 인정하지 않으면 소송이 구차해지거나 길어진다. 돈을 돌려받고 싶은 사람은 내가 왜 돈을 상대방에게 줬는지를 증명해야 하는데, 증거가 없거나 상대방이 다른 이유로 받은 것이라고 우기기 시작하면 정말 갑갑하다. 이 럴 때 제일 확실한 증거가 바로 '계약서'다. 법원은 보통 계약서가 있고 거기에 당사자들이 서명하고 도장을 찍은 것이 확실하면 거기 적힌 대로 두 사람 사이에 합의가 있었다고 일단 인정한다(그러니 계약서는 계약의 실질에 맞는 내용으로 작성하는 것이 가장 중요하다. "그냥 형식적으로 작성하는 겁니다"라는 상대방의 말만 믿고 도장을 찍어주었다가는 나중에 낭패를 당하기 십상이다). 사실과 다른 내용이 기재된 것이라고 주장하려면 그 사정을 증명할 확실한 다른 증거가 필요하다.

연애도 마찬가지다. 상대방이 "솔직히 우리 사귀는 사이는 아니었잖아"라고 말한다면 어떻겠는가. 사귀는 사이였다고 주장하는 쪽은 하염없이 비참해지고, 오히려 아니었다고 말하는 쪽이 이상하게 당당하게 굴지도 모르는 일이다. 이런 상황에 다다르면 상대방이 치사하게 느껴지기도 하고 야속하기도 하고 왜 이런 사람을 좋아했나 싶고 자존심이 상한다. '사귀자'라는, 연애관계를 시작하자는 의사표시를 하지 않은 채 시작되는 일련의 관계는 연애인 듯하나 연애관계로 접어든 것인지에 대한 명확한 증거가 없다는 점에서

'계약서 없는 계약'과 유사하다(물론 구두계약도 계약이다. 그러나 구두계약은 재판 과정에서 계약 내용을 증명하기가 쉽지 않다).

물론 매번 진짜 계약마냥 종이 계약서에 날인을 하면서 연애를 할 수는 없다. 그렇지만 서로가 서로를 어떤 관계로 인식하고 있는지를 확인하고 두 사람이 연인관계라는 것을 주변 사람들 역시 알고 함께 인정해왔다면 이는 관계에 대한 충분한 증거가 될 수 있다. 혹시라도 관계가 어그러졌을 때 그나마 나를 보호하는 방법이다.

새로운 세계로 가는
초대장

　나는 자세가 바른 사람을 좋아하지만 운동으로 다져진 몸
매에서 나오는 반듯한 등보다는 공부를 하거나 책을 읽느라
살짝 굽은 등과 약간의 거북목을 좋아했고, 천진난만하고
서글서글하게 붙임성 좋은 사람보다는 다소 예민하고 눈을
내리까는 습관을 가진 사색적이고 진지한 사람들을 좋아했
다. 나름대로 자신의 세계가 잘 구축되어 있는 사람이 좋았
고, 그 사람의 관심사를 함께 들여다보고 탐닉하는 것이 좋
았다. 대개 비슷한 외모를 가진 사람들을 좋아했지만, 겉으
로 보이는 모습이 비슷하다고 해서 그 내면까지 모두 비슷
한 것은 아니었다.
　주로 좋아하는 사람에 대해서만 호기심이 발동하는 성격
이다보니 친구나 연인들이 나의 주요 관심 대상이었고, 그
들의 관심사가 곧 나의 관심사였다. 새로운 관계가 시작되
면 그 사람의 세계, 그 사람의 성격, 그 사람의 취향 같은 것

들을 하나하나 알아나가는 연애의 과정이 두근거리고 신이 났다. 무뚝뚝한 사람에게서 나만 아는 표정을 발견하고, 그 사람에 대한 이해가 깊어지는 것이 뿌듯했다. 갑작스럽게 주어도 없이 꺼낸 말의 의미를 단번에 알아채는 일도, 그의 고민을 함께하는 일도 좋았다. 마찬가지로 내가 빙빙 둘러하는 말의 행간에 담긴 진심을 상대방이 알아줄 때, 요즘 내가 무슨 생각을 하고 사는지 궁금해할 때, 우울해 죽겠는데 귀신같이 알고서 울리는 휴대전화 벨소리와 화면에 뜨는 상대방의 얼굴을 볼 때 '아, 이게 연애지!' 싶은 안도감과 만족감이 들었다.

친구 사이만큼이나 혹은 때로 더 밀착된 관계인 연애라는 걸 하다보면 내 세계가 확장되는 기분이 들어 좋다. 마치 소설책과 각종 미디어를 통해 인간사를 간접경험하듯, 연애를 통해서 세상을 간접경험하는 셈이다. 연애관계가 시작되어야만 만날 수 있는 새로운 얼굴이 궁금하다. 새로운 얼굴이 보여줄 새로운 세계가 기대된다.

2부

—

연애의 개시와 소멸

연애에도 갑을관계가 있다면
계약 자유의 원칙과 그 한계

일단 연애가 시작되면 서로가 서로에게 기대하는 것들이 생겨나고, 또 상대방을 기쁘게 하고 싶다는 생각에 상대방의 기대에 부응하기 위해 노력하게 된다. 일상이라는 추상적인 공간에 손을 맞잡고 온기를 전해줄 사람이 생겨 행복해진다. 약간의 부담감이 주는 새로운 긴장감은 생활의 활력소가 되기도 하고, 상대방이 내게 보이는 소소한 반응들이 감정의 동요를 가져와 평화로웠던 일상이 요동치기도 한다. 가족은 아니지만 내 편인 사람, 나에게 연인은 상대방 한 사람뿐이고, 상대방에게도 연인은 나 한 사람뿐인 관계가 생겨났다는 사실에서 오는 만족감이 있다.

우리는 때로 상처받을 것을 알면서 연애에 뛰어들기도 하고, 가끔은 저 사람이 내게 주는 상처마저 달콤해서 이를 감내하기도 한다. 그러한 상처들이 우리를 성장시킨다는 점에는 추호의 의심도 없다. 사람과 사람의 일은 언제나 온전히 장담할 수 없는 것이기에 헤어짐 앞에서 상처받고 아플 것이라는 것도 안다. 연애에 대한 나의 많은 이야기들은 쓸데없는 상처를 받지 말자, 같은 일은 반복해서 겪지 말자는 취지의 고민에 가깝다.

연애도 계약도 때로는 기울어진 관계로 맺어지곤 한다. 변호사의 일이란 대체로 향후 발생할 법적 갈등의 씨앗을 제거하는 일이다. 그러다보니 의뢰인에게 왜 그 일을 하고 싶어하는지는 이해하지만 그 일에는 이러저러한 위험이 있다는 것을 지적하게 된다. 위험이 있음에도 불구하고 계약을 체결해야 하는 의뢰인의 입장에서는 갑갑한 일이지만, 위험을 모르고 있다 당하는 것보다 위험 발생의 가능성을 제대로 인지하고 이를 감수하겠다는 결정을 내리는 것이 위험에 대처하기도 좋고, 어쩌면 위험이 발생되지 않도록 사전에 방어할 수도 있게 된다는 점에서 이런 지적이 영 무의미한 것은 아니다.

서로가 서로를 동등한 인격체로 인정한다면

몇년 전 소유와 정기고가 함께 부른 「썸」이라는 노래가 공전의 히트를 했다. "요즘따라 내 거인 듯 내 거 아닌 내 거 같은 너, 니 거인 듯 니 거 아닌 니 거 같은 나"가 주요 가사다. 연애는 '서로가 서로의 것(소유물)'이 되는 것이고 썸은 바로 그 직전 단계라는 뉘앙스다. 많은 사람들이 이 가사에 공감을 했다. 소유권자에게 소유물을 통제하고, 이용하고, 변형하고, 처분할 권리가 있는 것처럼 사귀는 사이가 되면 연인에 대해서도 그러한 권리가 발생한다고 은연중에 생각해온 것 같다. 그러나 단지 사귀는 사이라는 이유로 연인을 통제하려는 태도는 현실에서 많은 문제를 낳는다. 통제를 거부한 상대방에게 가하는 연인의 폭언이나 폭력이 마치 정당화될 수 있는 일인 것마냥 여겨지기도 하기 때문이다.

나도 예전에는 연애관계를 '상호 배타적 관계'를 넘어서 서로가 서로를 소유하는 관계라고 생각하곤 했다. 채권(어떤 행위를 청구할 수 있는 권리)이 아니라 물권(물건에 대한 권리)과 비슷하다고 생각하는 경향이 강했던 것이다. 연인들끼리 으레 주고받는 '난 네 거' '넌 내 거'라는 말을 좋아했다. 나의 연인은 나만을 사랑해야 하고 그를 사랑하는 사람 역시 나 하나뿐이어야 했다. 우리 두 사람에 대한 제삼자의 성애적 관심과 애정은 모두 배척되어야 하고 방어해야만 하는 공격처럼 느껴졌다. 하지만 우리는 물건이 아니므로 나는 연인의 자유의지를 통제할 수 없었고, 나 역시 연인의 통제 아래 있을 수 없었다. 우리 두 사람이 사랑하는 일은 서로에게 신의를 지키려는 의지에서 나오는 것이었지 연인됨 그 자체에서 당연히 발생하는 것이 아니었다. 그와의 관계는 서로에 대한 끊임없는 배려와 조정의 과정으로 빚어지는 상호작용이었다. 헤어짐 역시 그 상호작용의 결과였지 누가 누구를 물건 버리듯 '버리고' '버려지는' 그런 류의 일방적 행위는 아니었던 것이다.

연애가 계약이 되어야 한다고 생각하게 된 계기는 계약법을 배우면서였다. 공부를 하면서 법리를 쉽게 이해하려고 연애에 빗대어 생각하곤 했는데, 문득 '내 것'과 '네 것'이 되는 연애관계와 계약에 빗대어지는 연애관계가 근본적으로 다르다는 것을 깨달았기 때문이다. '내 것'과 '네 것'이 되는 관계에서는 예비 신랑들이 미래의 장인어른에게 "따님을 저에게 주십시오"라고 말한다. 어떤 물건이 내 것이 되려면 물건의 소유자와 계약을 해야 하는 것처럼, 딸을 부모 특히 가장인 아버지의 소유물이라 여기는 문화 탓이다. 이 경우 예비 신랑의 계약 상대방은 예비 신부가 아니라 장인이 된다. 이런 관계에서의 연애는 결코 두 사람 사이의 계약일 수 없다. 연애를 하는 둘 중 한 사람은 계약의 당사자가 아니게 되어버리기 때문이다.

계약은 갑과 을이 특정한 책임과 의무를 이행하기로 합의하고 약속하는 것이다(반드시 종이에 써야만 계약인 것은 아니다. 계약서는 서로 그런 계약을 했다는 사실에 대한 증표 역할을 할 뿐이다). 나는 연인과 사귀기로 약속하는 것이지 연인을 소유한 누군가와 약속을 하는 것이 아니다.

연애가 계약이 된 순간 나는 상대방을 '내 것'이라고 부르는 일을 멈추었다(비유적인 의미인 것을 알지만 더는 말하지 않게 되었다). 내 사랑의 상대방을 사람으로서 제대로 존중하기 위한 일이었다. 그렇게 나는 '연애는 계약이다'라고, 아니 '네 것과 내 것'의 관계가 아니라 '너와 나' 사이의 계약이어야 한다고 생각하게 되었다.

나는 그냥 그 사람의 인형이었어

"넌 그냥 가만히 있으면 돼. 내가 알아서 다 해줄게."

A의 연인은 드라마에 나오는 '재벌 남자친구'인 양 달달한 말을 버릇처럼 하는 사람이었다. 데이트 코스는 늘 완벽하게 짜여 있었고, A가 친구들과 놀다가 헤어질 즈음이면 아

무리 늦은 시간이어도 모임 장소에 '짠!' 하고 나타나 그녀를 집에 데려다주었다. 그는 항상 A를 사랑스럽게 바라봤고, 삶에 지친 A의 하소연에 "걱정 마, 곧 다 지나갈 거야"라고 듬직하게 위로해주는 어른스러운 사람이었다. 그런데 A는 1년도 채 되지 않아 그와 헤어져버렸다. 우리는 A가 그렇게도 '완벽한 연인'과 왜 헤어졌는지 궁금했다.

"생각해보면, 나는 그냥 그 사람 인형이었어."

A가 씁쓸하게 웃었다. A도 처음에는 그에게 굉장히 사랑받는 것 같고 보호받는 것 같아서 좋았다고 했다. 그런데 막상 사랑하는 그에게 조금이라도 도움이 되고 싶고 그가 기댈 어깨를 내어주고 싶은 순간이 오니 문제가 생겼다. A가 그에게 할 수 있는 것은 기껏해야 예쁜 옷을 입고 곱게 화장을 하고 귀엽게 웃으며 그의 이야기를 듣거나, 재잘거리며 가벼운 수다를 떨거나, 섹시한 몸짓을 보여주는 것뿐이었다. 무슨 일이 있느냐고 물어도 돌아오는 대답은 "우리 애기는 그런 거 몰라도 돼"였고, 조금이라도 그의 취향에 벗어난 스타일의 옷을 입으면 "우리 애기는 이런 거 안 어울려. 다른 옷 입자"라며 새 옷을 사주는 그런 사람이었다. 그에게 A는 아끼고 보호해야 하는 인형 같은 존재였을 뿐, 그의 삶의 조력자나 동반자가 될 수 없다는 사실을 차차 알게 되었다

고 한다. 우리는 그제야 A의 선택에 공감할 수 있었다. 너무나도 오랜 고전인 헨리크 입센의 『인형의 집』에서 주인공인 노라도 결국 집을 나가는 것으로 인형의 삶을 마무리한다. 우리는 언제까지 그저 헤어지는 것으로 우리의 주체성을 주장해야 하는 것일까.

적어도 연애 상대방이라면 저 사람이 나를 동등한 인격체로 여기고 있는지를 파악하는 게 먼저다. 연애는 한쪽이 다른 쪽을 소유하는 관계가 아니다. 소유권이란 소유물을 법률이나 사회 공동체가 허락하는 범위 내에서 사용하거나, 이를 이용해 이익을 얻거나, 처분할 수 있는 권리를 말한다. 그러나 우리는 다른 사람을 소유할 수 없다. 연애 상대방을 사용할 수도, 이용해서 이익을 얻을 수도, 처분할 수도 없다.

또한 연애는 노예계약이 아니다. 연인이라고 해서 상대가 원하는 것을 무조건 다 해주어야 하는 의무가 생기는 것이 아니다. 서로가 서로에게 호혜적으로 마음을 주고, 관계 유지에 필요한 행동을 주고받는 계약일 따름이다. 남자가 나무라면 여자도 나무라고 여길 줄 아는 사람과 연애를 해야 한다. 남자가 배라면 여자도 항구가 아니라 배다. 망망대해를 함께 운항할 배여야 한다.

갑에게도 을에게도 각자의 권리가 있다

연애관계를 흔히 권력관계라고 말하기도 한다. 나만 상대방을 기다리는 것 같을 때, 나만 상대방을 보고 싶어하는 것 같을 때, 상대방에게 감정적 결핍을 느낄 때 우리는 '내가 연애관계의 '을'이구나' 하는 생각을 한다. 반대로 상대방의 연락이 없어도 별로 불안하지 않을 때, 상대방이 내 사랑을 얻으려 전전긍긍하는 모습을 볼 때, 상대방이 내 반응 하나하나에 연연하고 휘둘릴 때 우리는 '내가 연애에서 '갑'인가' 하고 생각하게 된다. 이렇듯 연애관계에서의 소위 '갑을관계'는 누가 더 좋아하는가의 문제로 쉽게 치환된다. 그러나 사실 그렇게 단순한 문제만은 아니다.

한편으로는 '갑을관계'라는 말에서 자연스럽게 '갑질'이 연상되는 탓에 '주종관계'의 다른 말인 것처럼 여기는 경향도 있다. 실제로 일상생활에서 이루어지는 계약이 동등한 조건을 가진 사람 사이에 성립되기보다는 주로 권력이나 재력이 있는 사람과 그로부터 특정 업무를 하도급 받은 사람 사이의 계약처럼 '갑'이 '을'의 생계수단을 쥐고 있는 경우가 많다보니 자연스럽게 그렇게 생각하게 된다. 그러나 이러한 불균등한 관계에서의 계약도 '갑'이 원하는 대로 무한정 불공정하게 체결될 수는 없다.

계약은 갑을간 의사표현의 합치에 의해 성립한다. 다만 그 합의의 내용은 사회 공동체가 허락하는 범위를 넘어서 면 안 된다는 한계가 존재한다. 갑과 을은 공정한 관계에서 계약 내용을 교섭할 수 있어야 한다(그러므로 계약을 했다고 무 조건 다 지켜야 하는 것은 아니다). 당사자 일방이 독점적인 지위 나 우월적인 지위를 이용해서 체결한 계약은 결코 건강하 다고 볼 수 없다. 실제 거래에서는 계약 당사자 사이에 비록 경제력이나 사회적 지위에 차이가 있다 하더라도 어느 정도 는 공정한 거래를 할 수 있도록 법률을 통해 권리를 보장하 고 있다.

예를 들어 집주인(임대인)이 아무리 '갑'이어도 세입자(임 차인) 역시 집주인에게 행사할 수 있는 권리가 있다. 세입자 는 약속한 계약 기간을 보장받을 수 있고, 빌린 공간에 하자 가 있을 때 집주인에게 수리해달라고 요구할 수 있으며, 계 약 기간이 끝나면 보증금을 반환받을 수 있다. 아무리 세입 자가 약자라 하더라도 집주인이 마음대로 세입자를 내쫓을 수 없다. 계약 기간이 끝나기 전에 세입자를 내보내고 싶다 면, 법원을 통해 판결을 받아야 한다(물론 임차인과 임대인의 권 리를 보장하는 법률이나 법원의 판결이 아직 충분히 공정하지 못한 점이 있다는 것은 인정한다. 다만 임차인도 임대인에 대해 일정한 권리를 행사할 수 있다는 점을 이야기하는 것이다).

계약에서의 '자유'는 원하는 것은 무엇이든 할 수 있다는 의미라기보다는 상대방의 자유를 침해하지 않는 선에서의 자유에 가깝다. 그렇기 때문에 계약의 자유에는 일정 정도 한계가 존재하고, 서로가 그 자유의 한계를 어디까지로 할 것인지를 협의하는 과정이 있어야 한다. 이때 협의는 상대방도 자유를 가진 사람이라는 동등함을 전제로 이루어져야 한다.

연애관계에서는 둘 사이에 발생하는 문제를 제삼자가 해결해줄 수 없다. 두 사람 사이의 합의와 교섭을 통해 해소하는 방법이 거의 유일하다. 다양한 연애관계가 존재하고 때로 서로의 역할이 불균형한 관계도 있을 수 있다. 그러나 적어도 사귀기로 약속을 할 때는 서로를 동등한 사람으로 인정하는 것, 연애를 하기로 결정하는 과정이 어느 한쪽의 강압이나 구걸에 의하지 않는 것, 사귀는 과정에서 서로 할 말은 하는 관계가 형성되는 것이 중요하다. 연인관계에서 상황에 따라 어느 한쪽으로 조금은 기울어질 수야 있겠지만 가급적 동등한 권리를 보장하는 기본 조건들은 충족되어야 한다. 목에 칼을 들이대며 "너랑 나랑 오늘부터 사귀는 거다"라고 말한들 그게 무슨 연애관계의 성립이겠나. 마찬가지로 "나랑 사귀어주기만 하면 모든 걸 다 해줄게"라며 울며불며 매달리는 사람의 구애를 마지못해 받아들인들 그건 그것대로 연애라고 하기 어렵다.

내가 원하지 않는 배려

"헤어지자."

"갑자기 무슨 말이야?"

"넌 날 사랑하지 않잖아."

X는 너무 황당했다. 사랑하지 않는다니 그게 무슨 뜻인지 이해하기가 어려웠다. 그동안 X가 연인에게 해온 수많은 이벤트들은 그럼 다 무엇이었다는 말인가? 연애가 처음인 X는 연인과 하고 싶은 게 참 많았다. 조금은 유치하지만 기념일은 꼭 챙기고 싶어서 사귄 지 100일째 되는 날 무작정 꽃다발을 들고 연인의 회사 앞에서 기다렸다. 매일 아침 문자메시지를 주고받고, 밥때가 되면 밥을 챙겨먹었는지 당연한 듯 안부를 묻고, 어딜 이동하다 생각이 나면 전화를 걸어 "그냥, 네 생각이 나서"라면서 통화를 했다. X는 자신의 이런 헌신에 연인이 제대로 부응해주기를 바랐고, 감동한 표정으로 X를 반겨주기를 기대했다. 그런데 연인은 감사하거나 감동하기는커녕 지금 X에게 이별을 고하고 있었다. X는

자신이 연인에게 하는 만큼의 반도 연인으로부터 받지 못하고 있다고 느꼈다. 이 관계에서 사랑을 갈구하는 쪽은 본인이라고, 약자는 X 자신이라고 생각해왔다. 연인은 나를 별로 사랑하지 않는다고, 오히려 헤어지자고 말해야 할 쪽은 자기라고 생각했다. 그런 X에게 그는 말했다. "너는 나를 사랑하는 게 아니야. 나를 사랑하는 '너 자신'을 사랑하는 거지."

계약 내용을 정하는 데는 분명 자유가 있지만, 계약은 혼자 하는 것이 아니기 때문에 한쪽이 일방적으로 그 내용을 정할 수 없다. 계약의 내용은 서로간에 합의된 것이어야 한다. X는 연인이 요구하지도 않은 일들을 자발적으로 해놓고, 연인이 자신처럼 '알아서' 자신에게 무언가를 해주기를 기대했다. 곧 상호 합의되지 않은 많은 채무를 지웠던 것이다. X의 연인은 본인도 모르는 사이에 약속을 지키지 않는 사람이 되었고, 연애관계를 어그러뜨린 사람으로 매도되었다.

여기서 짚고 넘어가야 할 사실은 연인을 '배려'하기 위해 한 행동들이 모두 연인관계에서의 의무이행에 해당하는가 하는 점이다. 계약에서는 계약 내용에 따른 것이어야 제대로 된 의무를 이행했다고 할 수 있다. 식당에서 김치찌개를 주문했는데 식당 주인이 부대찌개가 더 맛있고, 남들도

다 부대찌개를 먹는다며 부대찌개를 사리까지 추가해서 제공한다면 아무리 부대찌개가 더 비싸고 맛있다고 하더라도 제대로 된 계약의 이행이라 할 수 없다. 내가 주문한 요리는 김치찌개이기 때문이다. 연인에 대한 배려의 내용도 그런 측면에서 '내가 생각하는 배려'를 제공하는 것이 아니라 '상대방이 원하는 것'을 하는 것이 우선이다(물론 상대방에게 요구할 수 있는 것은 사회 상규에 맞고 상호 합의될 수 있는 것이어야 한다).

그런 측면에서 종종 배려에 대한 격언으로 일컬어지는 "무엇이든지 남에게 대접을 받고자 하는 대로 너희도 남을 대접하라"라는 말은 연애에서는 적합하지 않은 경우가 많다. '나는 너를 위해서 이런 것도 하고 저런 것도 하고 이렇게도 참고 저렇게도 참는데 왜 너는 내가 원하는 게 뭔지 관심을 가지지 않아?' 같은 불만들이 생겨나기 때문이다. 이런 배려를 하는 사람은 겉으로 보기에는 연애관계에 헌신하는 사람인 것 같고, 상대방이 연애관계에서 해야 할 바를 다하지 않는 것으로 보인다. 그러나 계약의 제대로 된 의무이행은 계약상의 의무를 다하는 것에서 비롯된다. 그리고 그 의무의 내용은 계약 당사자들이 상호간에 합의한 내용이어야 하지 한쪽이 지레짐작으로 결정하는 것이 아니다.

상대방이 무엇을 원하는지에 대해 대화하거나 물어보지 않고 '일반적으로 말하는 (혹은 자기가 원하는 방식의) 배려'를 이행하는 쪽은 끊임없이 상대방의 사랑을 갈구하다가 지쳐버리기 일쑤다. 내가 무엇을 원하는지 상대방에게 정확하게 요구하지 않은 채로 시간이 흐르다가 '사랑한다면 너도 나처럼 나에게 관심을 가지고 맞춰주어야 하는 게 아니냐, 나는 너에게 이렇게 많이 맞추고 있는데 서운하다' 하는 심리 상태로 치닫게 마련이다. 이런 사람은 상대방이 내가 원하는 방식대로 사랑해주지 않는다는 것을 끊임없이 지적하며 상대방을 '나를 덜 사랑하는 사람'으로 규정하고 혼자 슬픔에 빠진다. 그러나 반복해서 말하지만 연애관계에서의 '기준'은 서로가 합의한 것이어야 하지, '일반적인 기준'으로 치환될 수 있는 것이 아니다. 그런 점에서 연인에 대한 배려의 내용도 '일반적으로 연인이 좋아한다고 여기는 것'이 아니라 '내가 만나는 특별한 한 사람이 원하는 것'이 되어야 한다.

　　궁극적으로는 관계에 있어서 서로가 서로를 개인으로 인정하고, 두 사람의 관계가 '한 사람'과 그의 종속물이 아니라 계약에 따른 동등한 관계임을 인식하는 것이 관계의 상호 존중을 낳는 출발점이다. 연애는 한쪽이 다른 한쪽의 사랑을 '받는' 일방적인 관계가 아니라 서로 사랑을 '주고받는' 쌍무계약이다. 내가 상대방을 충분히 이해하고 사랑하는 만큼 상대방에게도 그렇게 할 기회를 주어야 마땅하지 않을까.

계약서에 도장 찍었다고
모든 내용을 지켜야 하는 걸까

이 질문에 답을 먼저 하자면 '아니오'이다. 계약은 '합의한 내용'에 대해서만 효력이 있다. 일방적으로 계약서를 작성한 뒤 세부사항을 설명하지도 않은 채 도장을 찍게 한 경우, 도장 찍은 사람이 그 계약서의 내용 전부를 반드시 지켜야 하는 것은 아니다. 가끔 "도장 찍었으면 끝이지"라고 말하는 사람들도 있지만, 그것은 계약의 본질을 이해하지 못한 태도이다. 적어도 중요한 내용에 한해서라도 계약서의 내용은 설명되어야 하고 더 자세히는 각각의 부분에 대해 합의를 해야 한다. 그 증거로서 계약서가 있는 것이지 계약서 자체가 계약이라고 볼 수는 없다.

예를 들어 한 남자 배우가 베드 신을 찍는데 상의 탈의 장면까지만 촬영하는 것으로 알고 출연계약을 체결했다고 하자. 그런데 촬영 당일에 베드 신을 찍기로 한 상대 여자 배우가 갑자기 하의를 끌어당겨 남자 배우의 엉덩이가 노출되는 사고가 있었다. 남자 배우가 감독에게 해당 장면의 편집을 요구했는데 감독은 "뭐 그걸 가지고 그러냐, 어차피 노출한 거 그대로 가자"라고 대수롭지 않게 반응했다. 알고 보니 계약서 저 귀퉁이에 '베드 신에 수반되는 기타 노출도 허용'이라는 내용이 깨알만 한 글씨로 알아채기 어렵게 기재되어 있었다. 감독이 남자 배우에게 노출은 그다지 '중요한 부분'이 아니라고 생각해서 임의대로 추가한 부분이기는 하지만 하여튼 계약서에 있으니 지켜야 한다고 주장한다면 어떨까. 당사자인 남자 배우는 엉덩이가 노출된 사건에 상당히 수치심을 느껴 항의했지만 주변에 여자 스태프도 많고 다른 남자 스태프들도 "에이, 남자가 뭘 그런 거 가지고 그러냐"라며 대기 시간이 길어지는 것에만 불만을 품고 팔짱을 끼고 서 있다면?

이 사건이 법정까지 가게 된다면 아마도 남자 배우는 영화 제작사를 상대로 영화 배급 및 상영 금지 가처분을 신청하게 될 것이다. 민사재판은 재판을 청구한 사람인 원고가 본인이 청구한 내용의 타당성을 입증해야 하기 때문에 남자 배우는 계약서에 기재된 노출 가능 부분에 대해서 합의한 바가 없다는 점을 여러 증거를 통해 증명해야 한다. 재판 과정이 쉽지는 않겠지만, 계약을 교섭했던 과정을 잘 증명한다면 재판에서 승소할 가능성도 있다. 원칙적으로 계약 상대방이 동의하지 않았고 심지어 알지도 못한 내용은 계약의 일부가 될 수 없기 때문이다.

연애관계에서도 마찬가지다. 사귀기로 했다고 해서 무조건 상대방이 원하는 것을 해주어야 하는 것은 아니다. 계약 내용을 정하는 데는 분명 자유가 있지만, 계약에서 한쪽이 일방적으로 그 내용을 정할 수는 없기 때문이다. 계약의 내용은 합의된 것이어야 한다.

연인이 연애 상대방에게 '갑질'이라고 불리는 어떤 나쁜 행동을 하게 되는 이유는 무엇일까. 그 사람은 나쁜 사람이 아니었고, 우리는 분명 서로 사랑해서, 서로 잘해주려고 연애를 시작했는데 단지 '더 사랑하는 쪽이 약자니까'라는 말로 설명하면 끝인 걸까. 연애에서까지 갑을관계를 말하는 것은 '연인'이라는 이름을 앞세워 '갑'이 된 사람이 '을'이 된 사람의 호의와 사랑을 빌미로 합의되지 않은 것들까지 강요하기 때문일지도 모르겠다.

예를 들어 썸을 탈 때 분명 혼후관계주의자라고 이야기했고, 상대방도 거기에 동의하고 이해한다고 해 사귀기로 한 커플이 있다고 하자. 그런데 일단 사귀기로 하고 나니 사귀는 사이라면 당연히 성관계를 맺어야 한다면서 상대방에게 요구한다면 어떨까. 성관계는 이미 계약 교섭 단계에서 배제된 내용인데도 이를 강요하고, 너는 나를 사랑하지 않는다고 비난한다면? 또는 상대방의 경제적 사정을 뻔히 알고 이를 용인했으면서도 기념일에 고가의 선물을 사주지 않자 네가 나를 사랑하지 않기 때문이라고 매도한다면 이 역시 유지되기 곤란한 관계라 할 것이다.

합의되지 않은 내용을 이행하도록 강요하는 사람과는 계약을 이어나갈 수가 없다. 그런 사람과는 연애라는 계약을 파기하는 것이 당연하다. 우리는 일상에서 많은 불공정함을 마주하며 산다. 연애에서마저 이러한 불공정함을 견딜 이유는 없다. 내가 원하는 신념을 지키고 존중하는 다른 사람과 제대로 합의된 연애를 하자.

연애에도 노력이 필요하다
유보조항과 실효의 원칙

　'사귀자'는 말로 연애가 시작되고 나면 이 관계가 어떤 모습으로 흘러갈지는 온전히 두 사람의 몫이다. 어쩌면 시작부터 감정적으로 기울어진 연애가 될지도 모른다. 두 사람 사이에서 관계를 주도하는 쪽이 자연스럽게 정해지기도 한다. 그러한 기울어짐, 한쪽의 리드 속에서도 지켜야 할 정도라는 것은 분명 존재한다. 그리고 그 정도를 지키기 위해서는 의외로 많은 노력이 수반된다. 사람과 사람이 서로 좋아해서 만나기로 했고 연인이라는 관계를 유지하기로 한 약속이 깨지지 않기 위한 어떤 노력 말이다.

연애란 끊임없는 조율과 성장의 과정

"어떻게 하면 그렇게 오래 만나?"

한 사람과 10년째 연애 중인 R에게 물었다. 변화무쌍한 가능성이 열려 있는 20대 청춘을 어떻게 한 사람과 보낼 수 있었는지에 대한 궁금증이었다. 대답은 단순했다. "그냥, 나는 그 친구 자체를 좋아하니까." 부연 설명은 이랬다. 두 사람은 전공도 다르고 꿈도 다르고, 각자가 처한 환경도 달랐지만 항상 서로의 삶에 대해 이야기를 나눴고 서로가 변화해나가는 모습을 인정했으며 그 변화에 맞춰 관계 역시 조금씩 바뀌나갔다고 한다.

관계라는 것은 보통 처음 시작되었을 때의 상대방과 나의 상태에 고정되는 경향이 있다. 부모가 성인이 된 자식을 여전히 어린애 취급하는 것이나, 성인이 되어 초등학교 동창을 만났을 때 갑자기 다시 초등학생으로 돌아간 것처럼 유치한 장난을 치게 되는 것과 같은 이치다.

오랜 시간 절친한 친구들을 보면 삶의 경험을 통해 서로가 변해가는 과정을 지켜보고 그 모습 그대로를 인정하며 시간을 함께해온 사람들이다. "너답지 않아"라는 말을 하는 친구에게 "나다운 게 뭔데?"라고 발끈 화를 내게 되는 순간이 왔을 때, 우리 모두는 각자의 상황에 맞게 변화해왔고 그

때의 친구와 지금의 친구는 조금은 다르다는 사실을 마주하게 된다. 이를 인정하지 못하면 절교를 하거나 그렇지 않더라도 서서히 멀어지게 된다. 반면에 지금의 모습을 인정하고 받아들일 수 있는 친구가 되면 앞으로도 오래 관계를 유지할 수 있을 것이다. 연인관계도 친구관계와 마찬가지로 서로의 변화를 인정하는 것이 키포인트이다.

장기적인 거래관계를 맺는 사람들을 보면 그들이 체결한 계약이 상당히 유연하다는 것을 알 수 있다. 계약도 사람이 하는 일인지라 어느 정도의 '조율 가능성'을 둠으로써 계약을 견고하게 만들기도 한다. 이행 시기를 명확하게 기재해놓으면 법률가 입장에서야 의무이행에 대한 책임 소재를 다투기 편리하지만, 때로 마감일의 연장을 통해 계약이 원래 추구했던 목적을 제대로 달성하게 하는 것이 완성의 시기를 지키는 것보다 훨씬 중요한 일도 있기 때문이다. 그럴 때는 '협의를 통해 한차례 이행 시기를 연장할 수 있다'라는 식의 계약 조항을 추가하기도 한다. 다만 그 조율 가능성은 무한정 열려 있는 것이 아니다. 계약을 통해 서로가 이루고자 하는 것이 무엇인가, 나는 어디까지 양보할 수 있는가에 대한 분명한 기준을 정하고 허용 가능한 범위 안에서 조율이 이루어져야 할 것이다.

연애 경험도 스펙이 될까

"있지, 내가 뭔가 잘못한 걸까?"

연애가 처음인 F가 물었다. F의 연인은 해외 출장을 갔다가 일요일 점심에 돌아온다고 했다. F는 그날 나와 선약이 있었던 터라 "나는 저녁에 약속이 있어. 조심히 와"라고 말했다고 한다. 그랬더니 상대방은 "아… 약속이 있구나. 알았어"라고만 말하고 더는 연락이 없었다는 것이다. "혹시 무슨 일 있어?"라고 문자 메시지를 보냈지만 연인은 메시지를 확인하지 않았다. F는 혼란에 빠졌다. '출장 다녀오느라 피곤할 거라 생각했는데 그는 나를 만나고 싶었던 것일까? 왜 그는 내 메시지를 확인하지 않을까? 앞선 대화에서 뭔가 문제가 있었나? 당장 약속을 취소하고 그를 만나러 가야 했던 것일까?'

F는 연인과 나눴던 대화를 반추해보며 무엇이 문제였는지를 파악하기 위해 노력하다가 문득 메시지조차 확인하지 않는 연인의 행동에 서운함을 느꼈다. 나와의 대화는 하는 둥 마는 둥, F는 나와 함께 있었던 시간 내내 휴대전화를 들었다 놨다 뒤집었다 엎었다를 반복했다. 그러나 우리의 만남이 끝날 때까지 F의 연인에게서는 연락이 오지 않았다. 그

날 F는 초조한 마음으로 밤을 지새웠다고 한다. 혹시 연인이 화가 나서 그런 것일까 겁이 난 F는 먼저 연락도 못하고 그저 그의 연락만 기다렸다. 다음 날 아침이 되어서야 연인에게서 아무렇지도 않은 듯 "모닝!"이라고 메시지가 왔다. F는 울음이 터질 것만 같았다. 그는 피곤해서 곧바로 잠에 들어 메시지를 읽지 못했다며 F에게 무슨 일 있느냐고 오히려 되물었다. F는 천국과 지옥을 오가는 밤을 보냈는데 말이다.

사실 연인은 출장에서 돌아오자마자 F가 보고 싶었는데, 약속이 있다니 어쩔 수 없다고 생각하고 곧바로 휴식을 취했을 것이다. 그는 아무리 사귀는 사이라도 상대가 선약을 취소할 만큼 관계의 우선권이 무조건 나에게 있는 것은 아니라는 것을 알 정도로 연애에 능숙한 사람이었다.

반면에 F는 연애관계와 다른 관계 사이의 균형에 대해 아직 스스로의 기준을 정하지 못한 상태였다. 그런 이유로 F는 대체 이 사람이 왜 이 말을 이 상황에서 하는지, 왜 저런 표정을 짓는지, 왜 연락을 하지 않는지 온갖 문제들에 의문을 가지며 연인의 반응 하나하나에 지나치게 의미를 부여하고 혼자서 고통스러워했다. 집착하는 것처럼 보이기 싫어서 버둥대다가 쓸쓸해지기도 하고, 과도하게 기대했다가 실망하기를 반복했다. F는 아무렇지도 않아하는 연인의 행동이 너무 서운했다. F가 스스로 기준을 세우지 못하는 한 슬퍼하는 쪽은 주로 F가 될 것이다. 내가 F에게 해줄 수 있는 말은 이것뿐이었다.

"어제 네가 느꼈던 감정을 그 사람이랑 공유하는 게 좋겠어. 넘겨짚지 말고 직접 물어보고, 그 사람을 믿어보는 건 어때?"

20대 중반 즈음부터였을까. 남녀노소를 불문하고 소개팅을 주선하기 위해 물어보는 주요 정보에 그 사람이 연애 경험이 있는지가 포함되었다. 아마도 스킨십 경험 유무에 대한 간접적인 질문이겠지만, 그외에도 연애를 대하는 태도나 그 사람과의 연애 초반에 내가 기울여야 할 노력이 어느 정도인가를 가늠할 수 있는 질문이기도 하다.

연애 경험도 스펙이냐고 억울해하는 사람도 있겠지만, 연애관계는 일반적인 인간관계와는 조금 다르다. 말 한마디, 행동 하나에서도 상대방에 대한 감정을 감지하게 되는 매우 친밀하고 독점적인 관계다. 그러다보니 연애를 하면서 연애관계에서 요구되는 특별한 의사소통 방식을 익히게 된다. 서로 다투기도 하고 상처받기도 하면서 단련되는, 그런 호된 과정을 통해 배우는 일종의 '스킬'이다.

연애관계에서 본인이 원하는 것이 무엇인지를 인지하고

상대방에게 전달하는 숙련도나, 상대방이 원하는 것을 파악하는 세심함, 스킨십에 있어서의 능숙함 같은 것들이 연애 상대방을 고를 때 나름의 기준이 된다. 당연히 나 이전에 다른 사람과의 연애들이 누적되어 현재의 이 사람이 되었으리라 생각하기 때문에 전 연애는 어땠는지, 헤어진 이유가 무엇이었는지를 물어보고 이 사람의 연애에 대한 태도를 가늠해보기도 한다. 의외로 소개팅이나 그에 준하는 첫 만남에서 전 연인과 왜 헤어지게 되었는지를 많이들 물어보는데 아마도 이런 것들을 파악하기 위한 목적이 아닐까 싶다.

나는 아주 사소한 배려를 잘하는 남자를 만나면, 그의 전 여자친구들에게 감사하다고 생각할 때가 있다. 그는 그녀들에게 정말 많이 시달리면서 성장했겠구나, 그녀들과의 헤어짐으로 인해서 많이 반성하고 스스로를 연마했겠구나 하면서 말이다. 마찬가지로 나도 전 남자친구들과의 사소한 다툼, 결정적인 싸움, 극복할 수 없었던 차이들을 거치며 겪은 실연의 상처가 팔할의 나를 키웠다고, 나를 '연애 사회화'시켰다고 이야기하기도 한다. 때로는 부모보다 더 내밀한 면을 공유하는 연인관계에서 생기는 상처는 그 누가 주는 상처보다도 날카롭고 피가 철철 흐르는 것처럼 고통스럽다. 그러나 그만큼 사랑하는 사람을 위해서 스스로를 다지고 조금은 더 나은 사람이 되기 위해 노력하는 에너지가 생기기도 한다. 반성하고 고찰하는 과정에서 나름 성숙해진다고 할까. 그래서 가끔 전 남자친구에게는 "지금 여자친구한테 잘해. 나 욕 먹이지 말고"라고 말하고, 현재의 남자친구에게는 "너의 전 여자친구들에게 감사하다"라고 (속으로) 말한다. 경험이 사람을 키운다. 연애도 그렇다.

이상형은 그저 이상형일 뿐

"내가 이런 적이 없는데 요새 너무 '을'이야. 무슨 말을 해야 할지 항상 신경이 쓰여"

한숨 섞인 목소리로 U가 말했다. 매번 자신을 좋아해주는 사람들을 만났던 U는 연애가 끝나갈 때마다 "나도 열정적인 사랑을 좀 해봤으면 좋겠어"라고 말하곤 했다. U는 누군가에게 푹 빠져 일상이 흔들릴 정도의 사랑을 해본 경험이 없었다. 친구와 연인의 경계 지점에 있어 부담이 덜한 사람들, 아니면 U의 사랑을 얻기 위해 헌신하는 사람들이 주로 그의 연인이 되었다. U는 자신을 사랑해주는 연인을 위해 특별히 노력하는 일도 헌신하는 일도 없는 편안하고 안정적인 연애를 영위하다 스스로 지치거나, 지쳐버린 상대방으로 인해 관계를 끝맺어왔다. 그리고 이런 방식의 연애가 스스로에게 적합하다고 믿어왔다. 그랬던 U가 상대방의 눈치를 보고 기분을 헤아리며 조심스럽게 말을 고르고, 자주 만나지 못하는 연인을 애틋해하기까지 하는 것이었다. 그가 U의 전 연인들과는 스타일이 너무 달라서 U가 그의 반응을 제대로 파악할 수 없는 데 기인하는 것 같기도 했다.

"좋아해서 잘 보이려고 노력하는 것은 자연스러운 일이라고 생각해. 다만 그 기간이 너무 길어지면 더 가까워지기보다 너만 애쓰다 지쳐버릴 수도 있으니까 조금은 더 솔직한 네 생각이나 반응을 보여주는 건 어때."

좋아하면 잘 보이고 싶은 심리는 당연하고 자연스러운 일이다. 또 내가 좋아하는 사람이 조금 더 내 취향의 사람으로 변해주었으면 하고 바라는 것도 어쩌면 자연스럽다. 그런 작용 반작용의 과정에서 우리는 상대방의 취향에 맞는 사람이 되고 싶어한다. 때로는 상대방의 이상형과 내가 너무 다른 타입이라서 자괴감이 들고 그의 이상형에 부합하는 사람이 되기 위해 부단히 애를 쓰기도 한다. 어쩌다 그가 이상형이라고 말한 스타일의 이성이 그 사람 주변에 있기만 해도 경기를 일으키며 경계하고 질투하는 고통을 겪기도 한다. 마치 상대방이 우리 연애의 열쇠를 쥐고 있는 사람처럼 그가 제시한 '기준'에 끊임없이 자신을 대입하고 맞추려 노력하는 것이다. 그의 이상형에 가까운 모습으로 나를 만들어 내가 그에게 쏟는 애정만큼 돌려받고 싶기 때문인지도 모르겠다.

그런데 사람들을 찬찬히 살펴보면, '어떤 상태를 좋아한다' '어떤 사람을 좋아한다'라고 말하지만, 실상은 그런 사람'만' 좋아하는 것도 아니고, 가끔은 그간 말해왔던 것과는 완전히 정반대의 사람을 좋아하기도 한다. 좋아한다는 감정에는 기준이 무의미하다. 타인의 사랑을 얻고 싶다는 이유로, (꼭 그것이 이성적 사랑이 아닐지라도) 호감을 얻고 싶다는 이유로, 그 사람이 '나는 이러저러한 사람이 좋다'라고 말하는 기준에 맞추어 우리 스스로를 변화시킬 필요는 없다.

사람이 사람을 좋아하는 것은 특정하고 우연한 코드일 뿐 노력한다고 얻을 수 있는 것이 아니다. 그 사람이 연애관계를 형성하기로 한 것은 '나'다. 그가 말하는 이상형은 그저 평소 그런 타입을 좋아해왔다는 취향을 드러내는 것에 지나지 않는다. 이상형이 나타나기만 하면 '나'와 헤어지고 그 사람에게로 가겠다는 선언이 아니다. 어쩌면 그는 내가 모르는 나의 어떤 부분을 보고 자신의 이상형과 닮았다고 생각하고 있을 수도 있다.

다시 한번 강조하지만 좋아하는 사람과 서로 좋아하는 마음을 나누는 당사자가 되기 위해서, 상대방이 겉으로 표시하는 그가 좋아하는 상태를 구현하려고 스스로를 지나치게 조작할 필요가 없다. 그러한 방향은 오히려 내가 가진 개성을 망가뜨리고, 균형감을 상실하게 만들고, 외부의 기준(상대방의 기준)과 자기를 끊임없이 비교하게 되어 자존감만 저하될 뿐이다. 게다가 우리는 연인 한 사람하고만 관계를 맺는 것도 아니고, 친구들, 잠재적 연애 대상들, 부모, 친척, 일을 하면서 만나는 사람들, 어쩌면 향후에 유권자(반장 선거, 동창회장 선거, 부녀회장 선거부터 대통령 선거까지)까지 많은 사람들과 관계를 맺게 될 텐데, 이 모든 사람이 표출하는 외부적 기준에 나를 맞추려다보면, 결국에는 파편화된 자아만 존재하게 될 것이다.

계약을 체결하고 상대방에게 대가를 받기로 했다 하더라도 상대방의 요구를 무한정 들어줄 필요도, 서로 약속한 것 이상을 무리해서 할 이유도 없다. 연애도 마찬가지다. 오히려 애초에 나와 연애를 하기로 해놓고, 나에게 다른 사람처럼 행동하고 외모를 꾸미기를 요구한다면 그 사람과의 연애는 끝내는 것이 맞다. 그에게는 내가 아니라 다른 사람이 필요한 것이기 때문이다.

왜 이제 와서 딴소리야

미용실에 가서 "머리 길이는 끝만 조금 잘라주시고 염색해주세요"라고 주문했는데 헤어디자이너가 무심결에 머리를 단발로 뭉텅 잘라버렸다면, 우리는 분명 화를 낼 것이다. "아니, 제가 끝만 잘라달라고 했잖아요!" 헤어디자이너는 실수를 인정하고 사과를 할 것이다. 그런데 '머리 끝만 조금 다듬어야지' 하고 속으로 생각하고는 헤어디자이너에게 "저한테 어울리는 길이로 적당히 잘라주세요"라고 말했다면? 헤어디자이너가 "단발이 어울리실 것 같아요"라고 말하거나 "단발 스타일은 어떠세요?"라고 묻지도 않고 속으로 '이 손님에게 적당한 길이는 단발이지!'라고 생각해서 잘라버렸다면? 소통의 장애는 있었지만, 명확하게 단발이 싫다고 말한 적도 없고 '적당히'라고 말함으로써 헤어디자이너에게 많은 재량을 주었기 때문에 이런 상황이라면 손님은 화는 나겠지만 헤어디자이너에게 잘못을 추궁하기는 곤란하다.

사람마다 감정이나 의견을 표현하는 데 있어서 능숙함 내지 익숙함의 차이는 분명 존재한다. 그러다보니 의사표현이 능숙하지 않은 사람들은 말하지 않아도 상대방이 내 마음을 알아주기를 기대하기도 한다. 물론 상대방을 사랑한다면 대

다수의 사람들이 내 연인이 굳이 말하지 않더라도 미세한 표정 변화, 소극적이나마 하는 의견 제시, 모호하지만 거절하는 것 같은 의사표시, 행동에서 드러나는 취향 같은 것들에 민감하게 반응하게 된다. 그렇게 세심함을 서로 쌓아가는 것이 연인 사이의 친밀하고 내밀한 관계를 형성하는 과정이며 자연스러운 일이기도 하다. 좋아하면 끊임없이 상대방이 궁금하고, 어디서 무엇을 하는지 어떤 것을 좋아하는지 등에 대해서 관심을 가지게 되니 말이다.

그러나 나의 필요와 바람을 읽고 싶어하는 상대방에게 정돈된 리스트를 적극적으로 쥐어주지는 못하더라도 내가 무엇을 좋아하는지 우리의 관계에서 바라는 것이 무엇인지를 전달하기 위한 노력은 분명 필요하다. 나의 취향은 말하지 않고 상대방에게 무조건 맞춰주면서 상대방이 나를 몰라준다고 속상해하는 것 역시 갈등을 양산하는 태도이다. 아무리 연인이라고 해도 서로에게 기대해도 되는 배려에는 한계가 있다.

T는 어젯밤 연인이 친구들과 약속이 있다고 한 뒤 다음 날 오전까지 연락이 없어서 기분이 상한 상태였다. 연인은 T가 웃으면서 "친구들이랑 재밌게 놀아"라고 말했기 때문에 이를 믿고 친구들과 즐거운 시간을 보냈다. 친구들에게

"내 애인은 친구들 만난다고 하면 연락 안 해" 하면서 연인과의 신뢰관계를 자랑하기까지 했다. 기분 좋게 다음 날을 맞은 그는 T에게 그제야 연락을 했다. T는 기분이 상한 티를 내고 싶지 않았기 때문에 그에게 아무렇지도 않은 척 "어제는 잘 놀았어?"라며 안부를 묻고 데이트 약속을 잡았다. T는 사실 그가 언제 집에 들어갔는지, 혹시 무슨 나쁜 일이라도 있었던 것은 아닌지 걱정하며 밤잠을 설쳤다. 그런데 그가 걱정 끼쳐 미안하다는 사과는커녕 아무일도 없었다는 듯이 기분 좋게 연락한 것에 T는 서운한 기분이 들었다. 그렇지만 그날은 아무렇지도 않게 데이트를 하고 집에 돌아왔다.

마음이 풀리지 않은 T는 그에게 점점 퉁명스럽게 대하기 시작했고, 결국 얼마 뒤에 둘은 다투고 말았다. 그제야 그는 T가 사실은 친구들과 놀면서 연락을 하지 않는 자신에게 서운했다는 사실을 알게 되었다. 그는 T에게 "왜 너는 말을 안 해?"라고 비난했다. T는 "그걸 말로 해야 알아? 당연한 거 아나? 네가 나한테 관심이 조금만 있어도 알 수 있잖아. 나는 항상 너에게 연락하잖아"라고 연인을 비난했다. 말하지 않고 상대의 호의를 기다리기만 하고, 상대의 기분은 묻지 않고 호의를 즐기기만 하는 두 사람 사이는 포옹을 할 수도 손을 잡을 수도 없을 정도로 너무나 멀게만 느껴졌다.

관계에 문제가 생겼을 때 화난 상태에서 곧바로 말하는 것이 전략상 좋지 않다고들 하지만, 그렇다고 너무 묵혀두었다가 나중에 꺼내는 것 역시 좋은 방식은 아니다. 법률관계에서도 의사표시와 관련해서 '실효의 원칙'이라는 것이 있다. 실효의 원칙이란 본래 권리를 행사할 기회가 있었는데도 권리자가 오랜 기간 그 권리를 행사하지 않다가 특정 조건이 성립한 후에 뒤늦게 권리를 행사하는 것을 허용하지 않는 원칙을 말한다. 그 특정 조건은 권리의 상대방도 권리자가 권리 행사를 하지 않을 것이라고 믿게 되었고, 또 그 믿음이 상대방의 자의적인 판단이 아니라 그렇게 믿을 만한 이유가 충분한 경우를 말한다.

　그러니까 당시에는 문제 삼지 않고 괜찮다고 쿨하게 말하면서 넘어갔다가 한참이 지나 상대방이 잊을 때쯤 되어서 갑자기 "너 그때 말이야"라고 이야기를 꺼내면 상대방은 이미 해소되었거나 괜찮은 것으로 알고 있었으니 당황할 수밖에 없다. 그에 더해 잘못한 건 본인이면서도 그때 '괜찮다'고 했던 말을 떠올리며 배신감을 느껴 도리어 화를 낼 수도 있다. 그렇지만 상대방이 느끼는 배신감도 그 나름으로는 근거가 있는 셈이다. 당사자가 분명 '괜찮다'고 말했기 때문이다. 이처럼 상대방의 잘못으로 빚어진 어떤 문제로 인한 것이라 하더라도 적시에 의사표시를 하지 못하면, 갈등을 제대로 해소하기가 어려워진다.

물론 이러한 실효의 원칙이 적용되는 경우는 매우 예외적이다. 그러나 법적 안정성을 위해 정책적으로 채택되어 있는 원칙인 만큼 당사자는 이를 기억하고 자신이 알아서 적극적으로 의사표시를 할 필요가 있다. 제일 유명한 법언 중 하나는 "권리 위에 잠자는 자 보호받지 못한다"이다. 너무 늦지 않은 시일 내에 의사표시를 하고 문제를 제기해야 하며, 비록 상대방에게 접수되지 않더라도 그 당시 그러한 의사표시를 했다는 증거를 남기는 것이 중요하다.

사랑의 소멸시효

비슷하게 청구권에는 소멸시효라는 것이 있다. 소멸시효란 권리자가 그의 권리를 행사할 수 있었음에도 불구하고 법으로 정한 일정 기간 동안 그 권리를 행사하지 않는 상태가 계속된 경우에 그 사람의 권리를 소멸시키는 제도를 말한다. 그러니까 어떤 권리가 있다고 해도 그 권리를 행사할 수 있는 기간은 정해져 있다는 뜻이다.

예를 들면 이런 것이다. 내가 누군가에게 돈을 빌려줬다. 그럼 나는 채권자, 돈을 빌린 사람은 채무자가 된다. 돈을 갚기로 한 날짜가 지났는데도 채무자가 돈을 갚지 않고 있으면 나는 돈을 갚으라고 요구해야 한다. 돈을 갚으라는 말없이 멍하니 있다가 10년이 지나면, 채무자에게 돈을 갚으라고 말해봐야 나에게는 돈을 요구할 권리가 없다. 금전채권에 대한 소멸시효가 10년이기 때문이다.

사랑에도 관계를 형성하거나 회복하자고 제안할 수 있는 기간이 어느 정도 정해져 있다고 생각한다. 상대방의 처분을 마냥 기다리다보면 어느 순간에는 내가 원하는 대로 관계를 이어나갈 수 없는 상황을 마주하게 된다. 누군가와 썸을 타다가 연인으로 발전하고 싶어졌을 때, 그저 서로 상대방이 고백해주기만을 기다리다가는 내 반응이 미지근하다고 오해해서 상대방이 새로운 상대를 물색하러 가버릴 수도 있고, 결국 썸을 유지하던 열정마저 식어버릴 수도 있다. 지나치게 오래 유지된 썸 관계가 연인으로 이어지기 어려운 이유도 어쩌면 이런 타이밍의 문제일지도 모른다.

물론 소멸시효는 중간에 재판을 청구하거나, 기간이 끝났어도 상대방이 승인을 하면 그 진행이 중단되기도 한다. 사랑도 상대방이 지치지 않게 적절한 행동을 해야 한다. 관계를 형성하고 유지하는 일은 행동이 수반되어야 한다. 수동적으로 상대방이 내가 원하는 것을 줄 것이라고 기대하고 기다리다가는 때를 놓치기 십상이다. 돈을 받고 싶으면 돈을 달라고 요구하고, 사랑을 받고 싶으면 사랑을 원한다고 말해야 하고, 이별을 하고 싶다면 헤어지자고 말해야 한다. 상대방의 결정만 기다리다보면, 어느새 내가 말할 수 있는 타이밍은 이미 놓쳐버린 지 오래일 수 있다. 너무나 유명한 말이지만, 연애도 타이밍이 중요하다.

2

솔직하기 위한 용기

때로 마음을 가늠할 길이 없는 상대방 앞에 서면, 상대방에 대한 내 마음을 솔직하게 내보여도 모욕당하지 않을까, 비참해지지 않을까, 거절당하지 않을까 하는 두려움에 옴짝달싹할 수 없게 되어버리기도 한다. 아무리 자기표현에 능숙한 사람이라 하더라도 나에 대해 어떤 생각을 가지고 있는지, 내가 한 말이 어떻게 받아들여질지 짐작할 수 없는 그 시작선 앞에서 선뜻 용기를 내기는 무척 어려운 일이다.

진실을 마주하는 게 속이 상하는 일이라도, 상대방의 기분을 상하게 하는 일이라도 그걸 말하고 들을 수 있는 관계가 된다는 건 또 얼마나 소중한 일인가 하는 생각을 한다. 나를 보여줄 용기와 당신을 내게 보여줄 용기, 그 두개만 있다면 두 사람 사이의 벽을 금방 넘어버릴 수도 있으니 말이다.

한편으로는 지나치게 솔직한 것을 무례하다고 느끼는 사

람과 솔직하지 못한 채로 예의를 갖추는 것이 오히려 더 무례하다고 느끼는 사람의 거리가 좁혀질 수 있을까 하는 생각도 해본다. 너는 그런 사람이고, 나는 이런 사람이라는 걸 말할 수만 있다면, 그걸 이해할 수 있다면, 그 차이를 감내할 만큼 서로를 아낀다면 가능할 것도 같은데 말이다.

용기 내어 말했다가 그나마도 지켜오던 관계가 깨지는 것도 두렵지만, 관계가 깨질까봐 감정에 솔직하지 못한 채로 버둥대며 버려질까 두려워하는 것 또한 슬픈 일이다. 그래서 나는 차라리 용기를 내라고 말하고 싶다.

결혼하지 않아도 괜찮아
헌법이 보장한 자기결정권

한참 연애를 즐기다가도 주변 친구들이 하나둘 결혼하기 시작하면 문득 고민하게 된다. 연애의 끝은 무엇일까? 이 질문에 정답을 찾기란 쉽지 않다. 둘이 함께하기로 한 연인 사이의 '약속'은 법이 보호해주는 결혼과는 달리 매우 취약하다. 과연 오래도록 연인으로서 관계를 유지하며 살 수 있을까. 어떤 의미로든 끝은 올 텐데 그 끝은 둘 중 하나가 생을 마감함으로써 다가오게 될까 아니면 당장 내일이 될까. 우리가 서로 사랑하기로 한 이 약속은 언제까지 이어질 수 있을까.

왜 연애의 끝이 결혼일까

20대 때는 이성친구든 동성친구든 누구를 만나도 연애 이야기를 하면 대체로 큰 무리 없이 편안하고 즐겁게 대화를 나눌 수가 있었다. 어떤 사람을 만나고 싶은지, 지금 만나고 있는 사람은 어떤지, 왜 연애를 하고 싶은지, 어떤 연애를 하고 싶은지, 연애를 하고 싶지 않다면 그 이유는 무엇인지, 연애를 하면서 우리가 얻는 것은 무엇이고 잃는 것은 무엇인지, 가본 곳 중 데이트하기 좋은 데는 어디였는지, 지난번 싸운 일은 어떻게 풀었는지 등등 누군가 연애사의 귀퉁이 한 자락만 내보여도 너 나 할 것 없이 자기의 이야기를 꺼내놓았다.

그런데 30대가 되고 보니, 어느새 연애 그 자체보다는 결혼이나 육아에 대한 고민을 털어놓는 일이 잦아졌다. 결혼을 정말로 해야 하는 것인지, 왜들 그렇게 결혼을 하라고 하는지, 결혼은 왜 하는 것인지, 결혼하면 뭐가 좋은지, 결혼을 한다면 아이를 낳아야 하는 것인지, 아이를 낳으면 누가 키울 것인지, 나의 커리어는 어떻게 되는 것인지, 결국에는 그래서 결혼을 진짜 해야 하는 것인지, 한다면 어떤 사람과 해야 하는 것인지, 지금 만나는 사람이 결혼에 적합한 사람이기는 한지 등등 다양한 질문들이 대화의 주제로 올라오기 시작했다.

　결혼을 한 친구, 이미 아이까지 낳은 친구, 결혼 자체에 생각이 없는 친구, 결혼은 너무 하고 싶은데 상대가 없는 친구, 본인은 결혼 생각이 없는데 만나고 있는 사람은 결혼하고 싶은 내색을 비치는 친구, 본인은 결혼하고 싶은데 상대방은 결혼 생각이 없는 친구 등 다양한 조합으로 만나도 결국에는 연애에서 결혼으로 결혼에서 육아로 육아에서 커리어 문제로 주제가 옮겨갔다. 이성친구를 만나든 동성친구를 만나든 마찬가지였다. 이제 30대가 된 우리에게 결혼이라는 주제는 연애를 이야기하기에 앞서 연애를 위한 썸을 탈 때부터 고려해야 할 필수 요소가 되었다.

　결혼은 민법에서 그 내용을 정하고 있는 법적 계약이다. 구청에 가서 '혼인신고'를 하면 민법 제4편 제3장 '혼인'의 규율을 받는 관계가 된다. 혼인신고를 뺀 나머지 관계가 법률상의 혼인관계와 사실상 동일할 경우 별도로 사실혼관계가 인정되기도 하지만 어쨌거나 결혼은 법률관계다(사실혼관계는 배우자가 죽었을 때 상속을 받지 못하는 것을 제외하고는 대부분의 법적인 권리가 인정되고 있다).

　민법에서는 "부부는 동거하며 서로 부양하고 협조하여야 한다. 그러나 정당한 이유로 일시적으로 동거하지 아니하는 경우에는 서로 인용하여야 한다"라고 '부부간의 의무'를 규정해놓았다. 결혼에는 의무도 정해져 있지만 서로에 대한 많은 권리들을 법적으로 보호받는다. 가볍게는 항공사 마일리지를 공유할 수 있고, 주택대출을 받을 때 우대를 받을 수 있으며, 배우자가 병원에 입원할 때나 출산할 때와 같은 중요한 순간에 법적 보호자가 될 수 있고, 혼인관계라는 이유로 각종 세제 혜택을 받는다.

한편으로는 이혼을 하려고 해도 상호 협의가 되지 않는다면 소송을 통해서만 이혼이 가능하고, 자녀가 있는 경우라면 상호 협의가 되었더라도 3개월의 기간이 필요하다. 자녀가 없더라도 가정법원에 이혼신고를 하고 1개월의 시간이 필요하다. 혼인신고는 쉽게 할 수 있어도 이혼은 쉽지가 않다. 그만큼 우리 사회가 민법이라는 법률을 통해 혼인이라는 특별한 가족관계의 유지를 지지하고 보호하고 있기 때문이다. 그래서 연애라는 계약을 넘어서 더 공고하게 관계를 보호받고 싶은 사람들이 결혼을 선택한다.

그런데 국가는 서로 사랑하여 평생을 함께하기로 약속한 사이인데도 그 사랑의 상대방이 동성同性이라는 이유로 동성애자의 혼인신고를 반려하고 있다. 동성 커플은 혼인계약을 맺어도 그 관계를 법적으로 보호받을 수가 없다. 가볍게는 항공사 마일리지도 공유할 수 없고, 주택대출을 받을 때도 우대를 받을 수 없고, 파트너가 아파서 병원에 가도 법적 보호자가 될 수 없다. 헤어질 때도 이성애자 커플들은 '사실혼관계'로서 상대방에 대한 재산분할청구권이나 위자료청구권과 같은 권리를 인정받는 것과 달리 동성 커플은 아무런 주장도 할 수가 없다. 동일한 혼인계약을 체결했는데 단지 그 계약 당사자가 남녀가 아니라 남남, 여여라는 이유로 우리 법은 이 약속의 무게를 보호해주지 않는 것이다. 법이 보호하는 권리는 누구에게나 평등하게 주어져야 하고 차별에는 타당한 이유가 있어야 한다. 나는 동성애자 커플의 혼인이 보호받지 않아야 할 타당한 이유를 도무지 모르겠다.

결혼이 아닌 생활을 함께하는 동반자라면

결혼에 대한 고민을 하다보면 가끔 이런 생각에도 이른다. 물론 사랑하는 사람과 함께 여생을 보내면 좋겠지만, 꼭 사랑하는 사람이 아니더라도 노년에 나와 함께 살면서 나를 보살피고 나도 보살필 파트너가 있었으면 좋겠다는 생각 말이다. 그런 파트너가 반드시 나와 성애적 감정을 주고받는 이성 파트너여야만 하나? 사촌동생이면 안 되나? 절친한 친구와 같이 살면 안 되나? 이성 룸메이트이기는 하지만 결혼한 사이는 아닌 그런 사람이면 안 되나? 실제로 이미 많은 이들이 친구, 선후배, 스승과 제자 같은 친분관계를 토대로 같이 살고 있다. 때로는 위급한 상황이 발생했을 때 멀리 다른 지역에 거주하는 부모님보다 현재 같이 살고 있는 사람이 실질적으로 더 가깝고 믿을 수 있는 상대방일 수도 있다.

결혼을 하지 않기로 한 사람 중에서 부모님이 돌아가시거나 가까이 지내는 친족이 없는 경우 지인들과 함께 공동체를 이루고 서로를 보듬으며 사는 미래를 꿈꾸는 이들도 있다. 어르신들이 모여 사는 시골 작은 마을의 경우에 이들의 법적 보호자는 저 멀리 도시에 사는 자식보다 옆집에 사는 할머니가 훨씬 적합할지도 모른다. 단지 그 사람에게 배우자라는 이름의 이성 파트너가 없다는 이유로 법적 보호자를 가질 권리를 박탈하는 것이 과연 옳은가 하는 의문이 든다.

이런 관점에서 생각해보면, 어떤 사람과 함께 생활할 것인가, 누구를 나의 법적 보호자로 할 것인가도 개인의 자기결정권 및 행복추구권 행사의 영역이다. 그런데 우리나라는 아직 이성과의 성애적 결합인 결혼을 통해서가 아니면 서로가 법적 보호자가 되는 일을 허용하지 않고 있다. 어쩌면 결혼을 강요 혹은 종용하는 문화는 이성애적 결합으로만 보호자가 될 수 있는 현행 제도의 한계를 극복하지 못해서 나타

나는 것일지도 모른다. 여자건 남자건 상관없이 그냥 믿을
수 있는 누군가와 함께 살 수 있고 그 관계가 법적으로 보호
된다면 꼭 결혼을 할 필요는 없지 않겠는가.

나의 이런 문제의식은 비단 나만 가진 것이 아니어서 이
미 '생활동반자 관계에 관한 법률'(일명 생활동반자법) 내지
'동반자등록법' 제정에 관한 논의들이 꾸준히 있어왔다.
2007년에 권영길 당시 민주노동당 대선 후보, 2017년에 정
의당 심상정 대선 후보, 2018년에 정의당 김종민 서울시장
후보, 녹색당 신지예 서울시장 후보 등이 생활동반자법 추
진을 주장했고, 현 여성가족부 장관인 진선미 의원은 초선
국회의원이던 2014년부터 생활동반자법 입법을 위해서 토
론회도 개최하고 의안을 만들기도 했다. 이렇게 생활동반자
법을 제정하자는 움직임이 제법 오랫동안 이어져왔는데도
아직 국회를 통과하지는 못했다.

라이프스타일이 빠르게 변화하고 있는 현실에 맞춰 국민
들의 결혼에 대한 생각도 함께 변화되고 있다. 법은 실제 국
민의 삶의 형태가 변화하고 그것들이 대세가 되었을 때 이
에 부응한다. 법은 사람들의 삶을 어떤 방향으로 이끄는 일
도 하지만, 기본적으로는 사회적 합의의 산물이기 때문이
다. 사회문화적 환경의 변화에 따라 그 변화한 환경에 적응

해 살고 있는 사람들을 외면하는 법 제도는 변경되는 것이 타당하다고 생각한다.

결혼이 두려운 이유

결혼생활은 구체적인 내용이나 세부사항에서 계속적으로 변화해왔지만, 기본적인 큰 틀은 크게 변경되지 않고 이어져오고 있다. 소위 법적 '가족'이 되는 순간 두 사람은 법적으로 경제 공동체로 묶이고 일상생활과 관련한 대리권이 주어지며 가사관계와 관련한 채무의 연대채무자가 된다. 각자의 가족 문화가 가진 위계관계에 포섭되기도 하고 상속 같은 재산 문제의 당사자가 되기도 한다. 나와 내 배우자 사이에서 태어난 아이는 자연스럽게 서로의 부모님에게 손주가 되고, 배우자의 형제들은 내 아이와 친척관계를 맺게 된다.

이 모든 관계는 '가족'이라는 이름을 앞세워 스스럼없이 '나'라는 개인의 삶의 영역을 침범해온다. 거리를 두려고 해도 그저 파트너의 동거인으로서 존재하는 것과는 차원이 다른 사회적 압력에 시달리게 된다. 하다 못해 배우자 부모님의 생일을 함께 축하하는 일은 비단 배우자만의 문제가 아니라 배우자와 내가 속한 가족 공동체의 문제로 치환된다. 동거인일 때는 호의로 파트너 부모님의 생일을 함께 축하할 수도 있다. 그러나 배우자가 되는 순간 이는 암묵적으로 동의한 의무로 바뀐다. 그런데 생일이 아니라 돌아가신 분의 제사라면? 명절이라면 어떨까? 배우자와 동거인이 느낄 압력은 매우 다를 것이다.

결혼이라는 계약은 '결혼제도'를 고려하지 않을 수 없기 때문에 상대방이 나의 취향인지, 그와 잘 지낼 수 있을 것 같은지 하는 문제를 넘어서는 고려를 해야 한다. 제도 속으로 함께 들어갈 파트너를 찾는 일에는 그저 생활을 같이할, 내가 좋아하는 사람을 만나는 일과는 또다른 조건들이 따라붙는다. 그의 부모님은 어떤 사람인지, 가족관계는 어떤지, 가족 문화는 어떤지와 같은 조금 더 넓은 차원의 교섭을 해야 한다. 상대방이 아무리 좋은 사람이어도, 그의 부모를 감당할 수 없다면 결혼생활을 이어가기는 어려울 것이다. 그저 연애를 하다가 자연스럽게 결혼을 선택하게 될 때도 마찬가지다. 가족 문제는 결혼의 마지막 관문인 셈이다.

결혼과 자기결정권

우리나라는 아직 결혼을 연애와는 별개의 추가적인 선택으로 여기는 분위기가 대세는 아닌 것 같다. 군이 비혼 결정을 하지 않는 한, 연애의 귀결로서 결혼을 선택하는 것이 일반적이다. 그러나 결혼이 인생에서 겪어야 할 당연한 통과의례인가에 의문을 갖게 된 이래로 내게 결혼은 전혀 자연스러운 선택이 아니다. 결혼은 내 삶의 방향을 바꾸는 매우 특별한 결정이며, 내 인생의 여러 행로에서 하나의 선택지에 불과하다고 여기게 되었다는 말이 조금 더 적절할 것 같다.

결혼을 할지 말지는 온전히 개인의 몫이라고 나는 생각한다. 결혼의 시기도 상대도 부모나 사회가 아니라 나 자신이 정하는 것이다. 사실 대학 진학 여부나 대학에서의 전공 선택, 대학 졸업 이후에 직업을 정하는 문제 등도 가족들의 조언이나 사회의 분위기 또는 압력이 개입하게 마련이지만 원칙적으로는 개인의 자유에 속하는 문제다. 결혼 역시 타인이 앞장서서 결정해줄 수 있는 영역에 있지 않다. 그런데도 삶의 동반자이자 주로 성관계를 맺게 될 상대를 고르는 매우 사적인 문제마저도 개인의 자기결정권은 다른 개인들에 의해서 그 존재를 부정당하기 일쑤다. 심지어 연애 상대방에게까지도 말이다.

20대 중반이 되고, 대학을 졸업하자 어르신들이 이제 슬슬 결혼해야 하지 않냐고 물어보기 시작했다. 선 시장의 중매쟁이들은 이미 20대 때부터 '어릴 때'가 오히려 '적령기'라며 소위 '결혼 시장'에 '매물'로 나서기를 제안했다. 그러다가 30대 중반이 되니 나는 생각이 없다는데도 주변에서 나의 결혼과 출산을 걱정하기 시작했다. 연애는 하고 싶지만 결혼은 부담스러운 사람들은 30대 중반의 연애 상대를 만나고 싶지 않아했다. '결혼'이라는 책임을 부담하면서까지 굳이 연애를 하고 싶지 않기 때문이었다. 또는 연애를 하다가도 '나는 몇년 안에는 결혼 생각이 없으니 결혼을 빨리 해야 하면 알아서 잘 생각하라'는 신호를 듣는 일도 생겨났다. 마치 결혼을 해야만 하는 시기가 존재한다는 듯이, 이 시기를 놓치면 '재고 처리' 대상이 되어버린다는 듯이, 나를 물건으로 취급하는 태도를 취하는 사람들을 곧잘 만나게 된 것이다.

"내가 언제 결혼하고 싶다고 했어? 왜 네 마음대로 내 인생 계획을 세우고 그래?"

"너, 프라임 타임이잖아. 잘 생각해. 나랑 연애하다가 결혼 시기 놓쳤다는 원망은 듣고 싶지 않아."

한창 썸을 타던 그가 Q에게 말했다. 연애를 하더라도 결혼을 전제로 한 연애를 할 자신이 없다는 말이었다. Q는 자신이 제안조차 하지 않은 결혼 문제가 연애계약 체결 직전에 대두되는 것이 당혹스러웠다. 결혼을 전제로 한 연애를 원하지 않는 것은 오히려 Q쪽인데 상대방이 Q가 결혼을 원할 것이라고 넘겨짚고 있는 이 상황이 어이 없었다. 결혼을 바라지 않으니 연애나 하자고 말을 해야 하는 것인지, 나를 거절하는 말을 이렇게 비겁하게 하는 것이냐고 따져 물어야 하는 것인지 헷갈렸다. 게다가 '프라임 타임'이라니, 내가 물건도 아니고 이건 또 무슨 소린가 싶다가도 워낙 결혼 적령기라는 소리를 듣다보니 그저 깔깔대며 웃는 것이 최고의 복수같이 느껴졌다고 했다. "그래, 나는 프라임 타임에 있는 프라임 걸이다!"라고 말이다.

개인이 가지는 당연한 권리를 '기본권'이라고 부르는데, 이 기본권은 법률에 의해서만 '제한'받을 수 있고, 그 제한의 정도는 기본권의 본래적인 의미를 해치지 않는 선까지만 가능하다. 이 당연한 권리를 해치는 수준으로 개인의 기본권 행사를 방해하는 경우 기본권을 '침해'한 것으로 본다. 국가가 국민의 기본권을 침해하면 그 행위는 헌법 위반이 되어 효력을 상실한다. 기본권을 침해한 법률 또한 헌법 위반이 되어서 효력을 상실한다. 물론 개인이 타인의 기본권을 침해한 경우까지 헌법재판소가 나서서 위헌결정을 하지는 않겠지만, 적어도 우리는 기본권이 '나의 당연한 권리'라는 것을 알고 있다. 그렇기에 기본권을 지나치게 간섭받거나 그 행사를 방해받았을 때 본능적으로 불편함 내지 불쾌감을 느끼게 되는 것이다.

헌법재판소는 헌법 제10조가 보장하는 '인격권 및 행복추구권', 헌법 제17조가 보장하는 '사생활의 비밀과 자유'를 타인의 간섭을 받지 않고 누구나 자기 운명을 스스로 결정할 수 있는 권리를 전제로 하는 것이라고 설명한다. 이러한 권리 내용 중에는 '성적자기결정권'이라는 권리가 포함되어 있다. 성적자기결정권은 누구나 스스로 선택한 인생관 등을 바탕으로 사회 공동체 안에서 각자가 독자적으로 성적 가치관을 확립할 자유 및 권리, 이에 따라 사생활의 영역에서 자기 스스로 내린 성적 결정에 따라 자기 책임하에 상대방을 선택하고 성관계를 가질 권리를 의미한다. 곧 성관계를 맺을 상대방을 선택할 권리, 성관계를 가질 권리는 온전히 나 자신의 것이라는 뜻이다. 연애와 결혼은 '성적자기결정권'을 행사하는 여러 모습 중 하나라고 할 수 있다.

나는 '나이가 찼으니 결혼해야지'라는 주변의 간섭을 해당 사람이 가진 성적자기결정권이라는 기본권에 대한 도전이라고 생각한다. 특히 자녀를 독립된 개인으로 인정하지 않거나, 결혼이 자기결정권이라는 기본권의 발현으로서의 '선택'이라는 관점에 동의하지 않는 많은 부모들이 하는 일련의 행위들은 자녀의 기본권을 중대하게 침해하는 셈이다.

어떤 부모들은 싫다는 자녀를 억지로 선 자리로 내몰고, 결혼을 압박하며, 재정적 지원을 끊겠다는 협박, 손주가 보고 싶다는 읍소, 유전자가 아깝지 않느냐는 회유 등 각종 전략을 구사하곤 한다. 아무리 부모 자식 관계라 하더라도 조언과 지지, 제안 이상의 어떤 요구와 간섭들은 자녀의 성적자기결정권을 침해하는 일이 될 수도 있다.

이를테면 드라마 「밥 잘 사주는 예쁜 누나」에 등장하는 윤진아(손예진)의 엄마 김미연(길해연)이 있다. 그는 끊임없이 딸인 윤진아의 연애에 간섭하고 이를 '자식을 신경쓰는 일'이라고 말한다. 또한 딸의 연애 상대방인 서준희(정해인)를 탐탁지 않아하고 헤어지도록 종용한다. 사랑하는 사람이 있다고 말하는 윤진아를 억지로 선 자리에 내보내는 모습에 나는 섬찟한 기분이 들었다. 그저 드라마 속의 과장된 이야기가 아닌 너무나 그럼직한, 어디서 봄직한, 친구들로부터 들음직한 사정이었기 때문이다.

결혼을 하면 경제 공동체를 이루며 공동생활을 한다는 점도 물론 중요하지만, 정조의 의무를 중요하게 여긴다는 점에서 성적으로 배타적 독점권을 행사하는 관계라는 것을 간과할 수 없다. 그러다보니 배우자가 있는 사람이 제삼자와 성관계를 맺으면 간통죄라고 해 형법으로 처벌했던 것이고

(간통죄는 현재 폐지되었다), 결혼을 빙자해 성관계를 맺은 경우에도 혼인빙자간음죄로 처벌을 하기도 했던 것이다(혼인빙자간음죄도 폐지되었다).

또 한편으로 민법은 배우자와 성관계를 맺은 제삼자나 배우자를 상대로 불법행위로서 손해배상을 청구할 수 있게 정하고 있고, 외도는 명백한 이혼 사유가 된다. 이러한 점에 비추어보면 결혼의 핵심에 '성관계'라는 부분이 존재한다는 점을 부인하기는 어려워 보인다. 성생활에서의 갈등이 생활의 갈등으로, 생활의 갈등이 결국에는 관계의 파탄으로 이어지는 흐름은 이혼 사건에서 너무나 흔하게 보는 사례이기도 하다. 우스갯소리로 '성격 차이'라는 이혼 사유가 품성의 차이가 아니라 성생활에서 오는 차이 때문이라는 말이 나올 정도이니 말이다.

내가 누군가와 결혼을 하고 안 하고의 문제, 그 누군가를 누구로 할지의 문제는 나 이외의 타인이 대신 결정해줄 수 있는 사안이 아니다. 결혼은 법적인 것을 포함한 그밖의 권리와 의무를 다하겠다는 계약을 체결하는 일이니만큼 전적으로 개인의 선택이어야 한다. 성적인 결합마저 포함되는 엄중하고 신중한 계약인 것이다. 이러한 관점에서 보면 '사람 다 거기서 거기다. 적당한 사람 골라서 적당히 결혼하라'

는 주변의 간섭은 개인의 프라이버시를 심각하게 침해하는 일이다. 아무리 좋은 의도로 한 말이라 해도 결국에는 적당히 괜찮으면 성적 결합마저 용인하라는 조언을 하는 셈이라고까지 감히 말하고 싶은 심정이다.

연애와 결혼, 그 사이에서

나는 웬만한 일에는 나름 선택의 틀을 가지고 있는 편인데, 특별히 결혼에 대해서만은 마음을 정하지 못하고 있다. 앞서 이야기한 많은 이유들 때문에 결혼을 하고 싶기도 하고 절대 하고 싶지 않기도 하다. 20대 때는 막연하게 '결혼은 서른 넘어서'라고 미뤄두고 구체적으로 고민해보지 않았다. 당시 만나고 있던 연인에게 "너랑 나랑 지금부터 만나서 결혼이라는 걸 하려면 적어도 몇년은 더 만나야 할 텐데, 그때까지 만나고 있을 확률이 더 클까, 아님 헤어질 확률이 더 클까?"라는 질문을 할 정도였으니 말이다. 내 마음속 정의감이나 사회적 책임감이 이끄는 대로, 내 호기심이 발동하는 대로 삶을 다이내믹하게 살고 싶은데 과연 '결혼'이라는 이름으로 결속된 가족이 생겼을 때 나는 그 사람을 위해 인생의 방향을 조절할 수 있을 것인가에 대한 고민도 심각하게 했다.

사랑하는 사람을 위해서 인생의 다이내믹을 포기하고 안정적으로 살자고 생각했던 적도 있다. 물론 생각만 그렇게 했지 실제 내 선택은 항상 내 마음이 이끄는 대로였다. 변호사 시험에 합격하고 내가 선택한 첫 직장은 군사독재정권의 간첩조작 및 고문 피해자들이 받은 손해배상금으로 세워진 재단, '진실의힘'이었다. 그곳에서 세월호 참사와 관련한 재판 기록들을 정리하는 프로젝트에 참여했다. 이 일을 하기로 했을 때 당시 만나던 연인은 이 프로젝트가 끝났을 때 내가 소위 '평범한' 변호사로서 로펌에 취업할 수 없을 것이다, 앞길이 험난할 수 있다며 걱정을 했다. 일견 합리적인 걱정이었다. 그렇지만 나는 내 선택을 지지해주지 않고, 내가 가기로 한 내 삶의 방향을 이해해주지 않는 그에게 서운함이 컸다. "변호사로서, 사건을 맡기로 했으면 지옥까지도 같이 가는 게 진짜 변호사다"라는 선배의 조언을 따라 나는 연인 대신 세월호 프로젝트를 선택했다.

아이러니하게도 그 프로젝트가 끝난 뒤 나는 그가 원했던 '평범한' 변호사가 되어 로펌에서 송무 업무를 하고 있다. 그렇지만 그와 헤어진 것은 서로에게 참 잘된 일이었다. 앞으로 일부러 다이내믹을 찾으러 다니지는 않을지도 모르겠지만, 그렇다고 해서 나에게 새로운 다이내믹이 찾아왔을 때 그 기회를 잡지 말라는 법도 없다. 그때마다 나를 지지하지 않는 사람 때문에 내 삶의 방향을 바꿔야 하나 고민할 필요도 이유도 없다. 나는 그 어떤 누구보다 나를 제일 사랑하기 때문이다.

그 이후로 나는 연애 상대를 만날 때 '이런 나를 긍정하고 지지하는 사람인가?'라는 기준을 갖게 되었다. 인생의 방향을 여러모로 열어놓고 살고 싶다. 연인으로 인해 내가 선택한 인생에 대해 도전받는 일이 다시는 없었으면 한다. 이런 생각을 하다보면 나라는 사람은 결국 결혼이라는 제도와 맞지 않는 것은 아닐까 머릿속이 복잡해진다. 결혼계약은 가정생활을 유지하기 위해 부부가 서로 삶의 기회들을 조금씩 양보하는 것을 전제로 이루어져야 하기 때문이다. 그저 연애라면 양보하기 싫을 때 헤어지면 그만이지만 결혼이라면 양보하기 싫다는 이유만으로 이혼을 하기가 쉽지 않다. 그렇기에 삶의 기회를 조금은 양보해도 괜찮을 사람과 결혼을 해야 한다는 것도 중요한 포인트인 것 같다. 심지어 아이를 낳으면 아이와도 삶의 기회들을 나누어야 한다.

그렇지만 '그래도 온전한 내 편인 파트너가 있었으면 좋겠다'는 생각으로 번져 결혼을 하고 싶을 때도 있다. 친구들이나 주변 지인들의 예쁜 아이를 보면 또 마음이 흔들린다.

'저렇게 귀여운데 삶의 기회들 좀 같이 나누면 뭐 어때?' 하는 대혼란 상태에 직면하기도 한다. 그러다가도 또 어떤 날은 '굳이 인생의 파트너가 '배우자'여야 하나? 내가 사랑하는 친구들과 같이 나이 먹으며 공동체를 이루면 안 되나?' 그런 생각이 들기도 한다.

결혼을 안 하면 나는 어떻게 살까? 여러 일들 중에서 연애를 제일 재미있어 하는 편이니 아마 연애는 계속할 것 같다. 결혼으로 귀결되지 않는 모든 연애가 단기로 끝나거나 반드시 이별을 예정하고 있는 것은 아니다. 오랜 세월 연애관계를 이어갈 수 있고, 동거를 할 수도 하지 않을 수도 있다. 다만 결혼이라는 법적인 제도와 가족 형태로의 진입을 계획하지 않을 뿐이다. 이는 각자가 그리는 삶의 방식과도 관련이 있다. 결혼하지 않는다고 해서 두 사람이 덜 사랑하는 것도 아니고, 특별히 두 사람이 대단한 이상이 있어서가 아닐 수도 있다. 각자의 가족과 적당한 거리를 유지하고 싶거나, 서로에 대한 생활 분리를 전제한 애정관계가 만족스럽거나, 굳이 결혼이라는 제도로 묶지 않아도 별반 차이가 없거나 등 다양한 이유가 있을 수 있는 것이다.

이혼소송을 맡다보니
결혼이 부담스러워졌다

소송을 주로 진행하는 송무 변호사는 온갖 인간관계의 마지막 단계를 맞닥뜨린 사람이라고 할 수 있다(갈등이 발생하기 전이나 본격적으로 싸움에 돌입하기 전에 사안을 검토해주는 변호사는 자문을 해준다고 하여 자문 변호사라고 부르기도 한다). 갈등에 갈등을 거듭하다 결국에는 '법대로' 하기로 하고 찾아가는 사람이 변호사이기 때문이다. 직접 싸우다가 지쳐서 대신 싸워줄 사람을 찾아 변호사에게 온 경우일 수도 있고, 좀더 잘 싸우기 위해서 내지는 싸움에서 덜 다치기 위해서 변호사를 찾아왔을 수도 있다. 하여튼 나는 그런 일을 하고 있다.

이혼 사건, 외도 상대방을 상대로 하는 손해배상 사건, 혼인무효 소송 같은 일들을 진행하고 있자면 많은 생각이 드는 것이 사실이다. 업계에서는 농담처럼 '미혼인 변호사가 이혼소송을 하다보면 결혼을 못한다'는 말이 있는데, 역시나 이유가 있었다. 혼인관계는 가장 내밀한 관계이면서 동시에 많은 책임과 의무가 뒤따르는 법적인 관계다. 그런 관계가 깨지는 과정은 참으로 예상하기 어려운 각종 심리적 끈적임으로 가득하다. 아무리 친한 친구여도 차마 말할 수 없는 배우자와의 문제들이 의뢰인의 입과 글을 통해 전달되어 온다(솔직한 이야기를 해야 한다는 점에서 친구는 부담스러울 수 있다. 이혼소송은 지인인 변호사 말고 생판 남인 변호사를 찾는 것이 좋은 전략일지도 모르겠다). 상대방에 대한 분노와 증오, 사랑이 얽혀 변호사인 나에게까지 뜨겁게 전달된다. 소설가로 빙의해서 서면을 쓰고 있노라면, '아, 이게 결혼인가' 싶고 결혼을 정말 해도 되는 것인가 싶은 생각이 절로 든다.

결혼은 연애할 때처럼 '헤어져'라는 말로 쉽게 끝낼 수 있는 관계가 아니다. 법이 그 관계를 보호하고 있기 때문이다. 그러나 법의 보호가 아니라도 연애를 하면서 지켜야 했던 서로에 대한 신뢰를 결혼 후까지 유지하려면 여전히 많은 노력을 기울여야 한다. 그 약속들을 간과한 관계는 법이 보호하건, 주변에 보는 눈이 많건 깨지게 마련이다. 결혼은 계약이다. 연애보다도 지켜야 할 의무사항이 더 많은 계약이다. 그에 따르는 무게를 짊어질 준비가 되었을 때 결혼을 하는 게 좋지 않을까 하는 생각이 점점 짙어진다.

잠수 타기, 그 무례한 이름이여

이행거절에서 갖춰야 할 예의

"나 지금 이거 차인 거지?"

오랜만에 늦은 아침을 먹자기에 나갔더니 O가 창백한 얼굴에 퉁퉁 부은 눈으로 날숨 전체를 한숨으로 채우고 앉아 있었다. 그의 연인이 바쁘다는 이야기는 몇번 들은 적이 있었다. 연애전선에 커다란 문제가 생긴 것이 분명해 보였다. "뭐야, 헤어졌어?" 최대한 쿨하게 물었더니 돌아온 대답은 "잘 모르겠어"였다. 그의 연인은 지금 거의 한달째 O의 연락을 받는 둥 마는 둥 하며 "바쁘니 다시 연락할게"만 반복하고 있었다.

O는 "그 사람이 바쁘다니까 내가 연락도 참고 기다리는

중이야"라고 말하며 덤덤하려고 애쓰다가 이내 울먹이면서 "아무래도 나보고 헤어지자는 말을 하라고 유도하는 것 같아"라며 어떻게 해야 할지 모르겠다고 했다. 나는 속으로 그의 연인이 너무 비겁한 수를 쓰는 것 같다고 생각하면서도 일단은 O를 위해 "정말 바쁜가보지, 좀더 기다려보자"라고 말할 수밖에 없었다.

세상에서 가장 잔인한 이별

세상에서 가장 잔인한 이별은 무엇일까. 연애 중인 상태에서 상대가 다른 사람을 사랑하게 되어 이별하는 '환승 이별'도 물론 그에 해당하겠지만, 많은 이들이 어떤 결정도 없고 연락도 없이 상대를 마냥 기다리게 하다가 헤어지는 '잠수 이별'을 꼽는다. 물론 삶에 지치다보면 가끔 도망가고 싶다는 생각이 들 때가 있다. 나와 관련된 많은 것들로부터 도망쳐나와 쉬어야겠다는 생각이 들거나, 때로는 모든 것을 리셋하고 싶은 기분이 솟구치기도 한다. 그러나 그런 상황에 있을 때 나와 깊은 관계를 맺고 있는 사람에게마저 아무런 신호 없이 도망친다면 상대방이 받는 '거절당함'에 대한 충격은 쉽게 회복될 수 없는 상처로 남을 수가 있다.

계약을 체결할 때 계약서를 쓰기만 하면 계약서의 내용

이 저절로 이루어지는가 하면 전혀 그렇지 않다. 계약은 여러 의무들을 이행하기로 합의하는 것이므로 제대로 계약이 성사되어 진행되려면 계약 당사자들이 각자의 의무를 실행해야만 한다. 그런 점에서 계약은 상당한 의지가 필요한 일이고, 가만히 있으면 오히려 계약을 어기는 셈이 된다(가만히 있기로 하는 부작위不作爲 채무를 졌다면 적극적으로 아무것도 하지 않는 의지를 가질 필요가 있다). 그런데 상대방이 의무를 이행하기는커녕 연락을 받지 않고, 의무를 이행해야 할 때 그저 모르쇠 혹은 가만히 있음으로 일관한 채 시간이 마냥 흐른다면? 갑자기 말도 안 되는 요구를 늘어놓으며 시간을 하염없이 지체시킨다면? '잠수 타기'는 계약의 이행을 멈추는 일과 같다.

잠수 이별은 연애 상대방을 하염없이 기다리게 한다. 묵묵부답인 문자 메시지와 연결되지 않는 전화, 접속되어 있는데도 대답하지 않는 각종 SNS의 메시지들, 그외에도 평소에는 연락 가능했던 많은 소통 수단들이 모두 '거절'을 나타낼 때 잠수한 상대방을 기다리는 사람은 고통스럽다. 명시적으로 헤어지자는 말을 들은 것은 아니어서 연인이 잠수에 돌입하면 상대방은 혼자서 온갖 시나리오를 쓰며 고뇌에 빠진다. "그 사람은 가끔 자기만의 시간이 필요한가봐" 혹은 "요즘 많이 바쁘니까 연락이 좀 잘 안 되는 것 같아" 같은 말을 내뱉으며 한숨을 푹푹 쉬게 되는 것이다. 닿고 싶어도 소통하기를 회피하고, 연락을 받지 않고, 어디서 뭘 하고 있는지, 나를 보고 싶어는 하는지, 대체 이 사람과 내가 무슨 관계였는지, 모든 것을 흔들리게 하는 시간이 도래하게 된다.

그나마도 "우리 시간을 좀 갖자"라고 말하면, 적어도 헤어짐이 코앞에 와 있는 것일지도 모르겠다고 예감하는 탓에, 일말의 희망으로 오히려 더 괴롭게 하는 '희망고문'의 정도가 조금 덜하다. 그렇지만 '시간을 갖자'는 말을 '헤어지자'는 말로 치환해버리는 일은 연애관계를 지속해왔던 상대방에 대한 배려가 부족한 행동이다. 시간을 갖자는 말은 기간이 정해져 있는 것이며, 적어도 그 시간이 지난 이후에 종결을 말할 것인지 재정비를 할 것인지를 결정하기 위한 그다음 단계를 예정하고 있는 것이다. 결코 이별 통지와 동일시될 수 없다.

헤어진 것도 헤어지지 않은 것도 아닌

갑자기 상대방의 연락을 거부하면서 '잠수'에 돌입하면, 이 관계는 분명 와해되었음에도 형식적 틀 속에서 유지되고 있다. 통지도 없이 갑자기 혼자서만 헤어졌다고 생각하면 오산이다. 연애에도 정확하게 '해지'의 의사표시가 있어야 한다. 나는 도망감으로써 상대방에게 충분히 신호를 주었다고 생각하고 상대방이 알아서 헤어져주기를 기대했는데 상대방은 여전히 나를 기다리고 있다면 어떻게 할 것인가? 이런 상황은 의외로 자주 발생한다.

말없이도 헤어질 수 있는 상황은 서로 이미 헤어진 것으로 어느 정도 합의가 되어 차차 연락이 뜸해지고 있던 상태에서나 가능하다. 즉 '합의 해지'의 경우에나 묵시적 의사표시로서 해지가 인정되는 것이다. 혼자서 갑자기 연인으로서의 책임이나 의무를 이행하지 않는 거절 상태, 곧 '이행거절'의 상태에 돌입하더라도 그것만으로는 관계를 종결시킨 것이라고 볼 수 없다. 혼자서 헤어졌다고 믿어봤자, 잠수를 타면서 새로운 사람과 연애를 시작하면 그것은 두 사람과 연애 중인 '양다리'이지 '환승'도 '잠수'도 아니다.

계약의 경우 한쪽이 그 의무를 이행하지 않고 있다는 사실만으로 그 계약이 쉽게 해제되지 않는다. 상호 합의하에 계약을 해제하는 경우가 아니라면, 의무를 이행하지 않는 상대방에게 일정 기간을 정해서 계약을 이행해줄 것을 촉구하고 이를 이행하지 않으면 계약을 해제하겠다고 통보하는 과정을 거쳐야 한다. 법은 이 과정이 전제되지 않으면 계약을 해제할 권리가 발생하지 않도록 정하고 있다. 상대방이

'나는 아예 계약을 이행할 생각이 없다'라고 명시적으로 표현하는 경우는 이행거절이라고 부르는데, 이때 이행거절 의사표시를 받은 쪽은 앞서의 통보 과정 없이 곧바로 상대방과의 계약을 해제할 수 있다.

예를 들어보자. 인터넷 쇼핑몰에서 다소 고가의 물건을 주문했는데 예정된 배송 기일을 한참 넘겼는데도 물건이 오지 않는다면 어떨까. 물건을 하염없이 기다리다 지쳐서 쇼핑몰에 전화를 해도 연결이 되지 않고, 사이트에 항의 글을 남겼는데도 답변이 없다면 말이다. 어쩌다 겨우 연결이 되어서 "당신 말하는 태도가 거슬려서 당신에게는 안 판다"고 대답하거나 "내 물건이 왜 안 오는 것이냐"고 물었는데 쇼핑몰 측에서 "그 물건은 이제 품절이다. 물건을 보낼 수가 없다"라고 한다면? 곧바로 우리는 "그렇다면 주문을 취소하겠다, 환불해달라"라고 요구하게 될 것이다. 이행거절 내지 이행불능에 따른 계약해제란 그런 것이다.

나만의 방에서 홀로 생각을 정리하고 휴식을 취하고 싶은 마음은 남자건 여자건 누구에게나 있다. 동굴에 들어가는 것 자체는 문제가 아니다. 중요한 것은 나와 관계를 맺고 있는 사람에게 어떤 태도를 취하고 그 동굴로 들어갈 것인가 하는 점이다. 연인관계뿐만 아니라 그 어떤 관계에서도 잘 지내다가 갑자기 연락이 두절되거나 소통을 거부하는 것만큼 무례한 일이 없다. 이는 관계를 유지하고자 하는 의지의 문제이고, 예의의 문제일 뿐 본성과는 아무 상관이 없다.

'아무것도 안 함'이라는 태도는 연애관계에서 결코 해결책이 될 수 없다. 그냥 상대방이 알아서 나와의 관계를 정리해주기를 바란다는 책임전가적 메시지에 불과하다. 그동안 기다리는 상대의 마음이 문드러지고 자존감이 떨어지고 사태가 악화되는 모든 것들에 대한 책임 회피일 뿐이다. 상대방과 맺은 관계를 더는 유지할 생각이 없다면 흐지부지 시간을 끌며 상대를 지치게 할 것이 아니라 적극적으로 관계를 정리하고 양해를 구하는 것이 서로를 위해 좋다.

이행거절 상태에 있는 연인에 대해서 할 말이 있는 쪽은 잠수를 당한 사람이다. 잠수 상태에 있는 연인은 이미 관계를 끝내고자 하는 의지를 비친 것이라고 이해해도 큰 무리가 없으므로, 잠수를 당한 쪽은 곧바로 헤어짐을 준비할 수 있다. 상대방의 부재 기간에 다른 사람을 만나거나 새로운 연애를 시작하더라도, 잠수를 탔던 사람은 돌아와서 그를 비난할 수 없다. 본인이 연인으로서 해야 할 의무를 다하지 않겠다는 행동을 먼저 보인 것이고, 그로 인해 연애관계의 파탄을 주도한 사람이기 때문이다. 그런 상대방과의 관계를 끝낼 것인가 기다릴 것인가는 잠수를 당한 사람의 선택이다.

잠수 대신 관계 조율의 시간을

돌아올 생각이 없다면 모를까 아주 잠시만 쉴 생각이라면
적어도 상대방에게 내 상태를 알릴 필요가 있다. 이를테면
시간을 정하는 방법이 있다. "내가 요즘 너무 바쁘고 여력이
없어서 연락이 원활하지는 않을 거야. 2주 정도 지나면 괜찮
을 것 같은데, 그때까지만 좀 기다려줄래?"라는 식이다. 그
기간이 지나도 내 상황이 정리되지 않았다면 무작정 상대의
호의를 기대할 게 아니라 선제적으로 기한을 연장하는 것이
갈등을 줄이는 방법이 될 수 있다.

물론 정말 불가피한 사정이 있어서, 결코 협의가 가능한
상황이 아니어서 이를 이해해달라고 정중하게 연인에게 요
청했는데 상대방이 그마저도 허용해주지 않는 경우도 있을
수 있다. 이런 경우라면 미안하지만 냉정하게 말해서 교섭
되지 않음을 이유로 헤어지는 것이 나을지도 모른다. 상황
에 대한 이해를 충분히 구했음에도 타협의 여지 자체가 존
재하지 않는데 각자의 상황은 한동안 바뀔 가능성이 없다
면, 감정의 문제라기보다 상황의 문제로 결국에는 헤어지게
될 확률이 높기 때문이다.

연락두절 상태를 받아들이면서 연인이 최소한의 요구를 제안했을 때는 어떨까? 그런데 본인은 사실 그 어떤 최소한의 요구도 들어주기 어려운 상황에 놓여 있다면 말이다. 이 경우는 스스로를 돌아보며 연애를 할 여유가 없음을 인정하고 본인의 부족함을 제대로 인식할 필요가 있다. 다행히 연인이 나의 상황을 납득하고 그 시간을 감내하기로 했다면 고마운 마음을 충분히 표현하고, 연인에게 할 수 있는 최선의 노력을 기울이는 예의를 갖추어야 할 것이다. 반대의 입장에서 아주 잠깐의 시간이라도 연인이 연락이 되지 않는 상태를 받아들이지 못하겠다면, 상황이 허락되지 않아 연락을 할 수 없는 연인을 괴롭히기보다는 서로를 위해서 헤어지거나, 본인의 요구사항이 현재의 연인과 관계를 유지하기에 과도한 것은 아닌지를 따져보아 타협하는 노력을 해보는 건 어떨까 싶다.

일반 계약관계에서도 상대방에 대해 어느 정도의 신뢰가 형성되어 있는 경우에는 물품 납기일을 연장해주기도 하고, 때로는 대금 외상을 해주기도 한다. 계약서대로 지켜지지 않았다고 곧바로 계약이 해제되는 것도 아니고, 상대방의 사정을 감안해 조금 여유를 갖고 계약상 의무를 완성하는 것이 서로에게 더 이익일 때가 많기 때문이다. 이 과정에서 중요한 것은 본인의 상황을 충실하게 설명하고 새로 제시한 조건은 제대로 이행하겠다는 책임감을 갖는 일이다. 처음부터 약속한 대로 지킬 수 있었다면 좋았겠지만, 피치 못할 사정이라는 것은 언제나 발생하게 마련이다.

또 하나 기억해야 할 것이 있다. 사정이 생겨 계약상 의무를 지키지 못하게 되었을 때 상대방이 내 사정을 봐주는 것은 결코 당연한 일이 아니다. 상대방도 어느 정도의 손해를 감수하고 해주는 일이고, 사실 사정을 봐주지 않고 계약상 의무를 지킬 것을 요구하는 것도 상대방의 권리다.

사람이 상처를 받는 순간은 상대방이 나와의 신의를 깨트리고 단절감을 느끼게 했을 때이다. 그러고 보면 며칠 연락이 되지 않더라도 그 사람과의 연애관계에 흔들림이 없으리라는 신뢰가 있다면 그의 연락 없음이 단절로 느껴지지는 않을 것이다. 혹은 미리 연락이 어려운 이유나 변명을 말해주는 배려를 받았다면 그의 부재가 불안감으로 옮아가지는 않을 것이다. 결국에는 신뢰가 문제다.

나만의
이별 세리머니

지난 연인에 대한 마음이 정리됐다고 판단할 수 있는 스스로의 기준을 세운 적이 있다.

첫째, 술을 진탕 먹었는데 그 사람에게 전화하고 싶다는 생각이 들지 않는다. 술에 취해서 전화를 거는 건 어떤 경우에도 후회로 남을 가능성이 높다. 전화를 해서도, 하고 싶어해서도 안 된다는 자제심을 발휘할 필요도 없이 그냥 그 사람이 떠오르지 않는 순간이 오면, '아, 이제 잊었구나' 하고 생각한다.

둘째, '그 사람은 이런 사람이었어'라고 회상할 수 있다. 벤의 노래 「열애 중」의 가사처럼 "헤어져도 헤어진 적 없"는 것처럼 혼자서라도 이어가던 열애의 마음이 식고 그 사람에 대해 무심하게 이야기할 수 있어질 때 말이다. 나에게 '그 사람'은 '그 사람' 자체일 뿐 도무지 정의내리기 어려운 미지의 영역이었던 사람이 어느 순간 몇가지의 특징들로 정리되어버릴 때 '이제는 그를 잊었구나'라고 생각한다.

열렬히 사랑하고 나면 헤어지는 과정도 녹록하지만은 않다. 새로운 사람을 만나게 되더라도 가끔씩 울컥하는 마음이 올라오기도 한다. 그래서 나는 헤어짐에 대한 '세리머니'를 중요하게 생각하는 편이다. 친구들에게 하소연하기, 보내지 않겠지만 상대에게 편지 쓰기, SNS 등에 올렸던 함께 찍은 사진들을 비공개로 바꾸기, SNS에 대대적으로 헤어졌다고 공표하기 등 나만의 의식을 만들어보자.

잠수 이별을 하는 상대방과는 '세리머니'를 해도 되는지 안 되는지 확실치가 않은 탓에 때로는 극복하기가 더 어렵다. 그럴 때는 혼자만의 세리머니라도 준비하는 것은 어떨까. 상대방의 무례한 이별 방식 때문에 나의 좋았던 추억들마저 얼룩지게 할 수는 없으니 말이다.

환승, '양다리'인가 '백업 플랜'인가
이중 계약의 위험

"혹시 다른 사람을 좋아하게 되면 꼭 말해줘. 헤어져줄 테니까."

연인과의 관계가 어느 정도 무르익었다 싶으면 나는 꼭 이 말을 한다. 덤덤하고 쿨하게 말하곤 하지만 사실 반은 협박이다. 나는 조금이라도 다른 사람에게 연애 감정을 품은 사람과는 사랑을 이어갈 자신이 없다, 혹시 그런 일이 발생했는데 모르고 지나가는 것은 참을 수가 없으니 차라리 헤어져버리겠다는 선언인 셈이다. 이 말을 듣는 상대방은 하나같이 자신의 사랑을 의심받았다는 표정을 지으며 억울해했다. 마치 그런 일은 일어나지 않을 것이라고 확신한다는 듯이.

그러나 나는 내가 상대방의 배신에 느낄 상처만큼이나 상대방이 나의 배신으로 느낄 상처에 대해서도 같은 태도를 취해야 한다는 공평함에 얽매여 있는 편이다. 그래서 마찬가지로 나도 혹시 다른 사람에게 더 마음이 가게 되면, 더는 내 연인에게 오롯이 집중할 수 없겠다는 생각이 들면, 이야기를 해야겠다고 마음먹었다. "다른 사람이 좋아졌어, 다른 사람을 만나고 있어"라고까지는 말하지 않겠지만, 적어도 "우리 그만 헤어지자"는 말은 하기로 했다. 연애란 서로만을 사랑하기로 하는 약속이니 말이다.

'내로남불'의 최전선, 환승

앞서도 언급했지만 현재 연애 중인 상태에 있으면서 그 관계가 시들해져 동시에 다른 사람을 만나면서 서서히 전 상대와 헤어지는 것을 '환승'이라고 한다. 새로운 연애를 하고 싶다는 생각이 앞서 지금의 연애를 그만두고 싶다고 말하면 의외로 많은 친구들이 이런 조언을 한다. "당장 다른 사람 만날 것도 아닌데 뭐 하러 헤어져. 새로운 사람 생길 때까지는 그냥 만나." 환승을 하는 사람이 내 친구일 때는 "네가 역시 똑똑하다"며 그 판단을 지지하지만, 환승을 당하는 사람이 내 친구면 "뭐 그런 무례한 사람이 다 있냐, 한마디로 바람 피운 거 아니냐"고 온갖 가능한 단어를 동원해 함께 욕을 한다. 그야말로 연애관계에서 내가 하면 로맨스, 남이 하면 불륜이라는 '내로남불'의 최전선에 '환승'이 있는 것이다.

그렇다면 대체 어디까지를 환승이라고 불러야 할까? '양다리'는 환승의 다른 이름에 불과한 것일까? 환승이라고 부를 만한 행위는 기존 연애의 공고함과 새로운 연애의 시작 내지 진전을 변수로 놓고 보았을 때 크게 세 가지 정도로 나눌 수 있다.

첫째는 기존의 연애가 공고함에도 불구하고 한 사람이 새로운 사람과 관계를 시작하고 이후 기존의 연인을 정리하는 경우다. 사실 이 경우는 결과적으로 '환승'이기는 하지만 '환승'으로 부르기보다는 '양다리'라고 부르는 것이 조금 더 적당해보인다. 양다리의 결과가 그저 환승이라는 형태로 구현되었다고 이해하는 것이 타당하다고 생각한다.

말이 어려워서 그렇지 단순하게 보면 연애를 잘하고 있다가 멀쩡히 애인이 있는데 다른 사람과 연애를 시작하고서는 둘 중 한쪽을 선택한 것에 지나지 않기 때문이다. 원래 사귀던 사람을 계속 만나기로 하면 바람 피운 것이 되고, 새로운 사람으로 넘어가면 환승이 되는 것이다. 이때 새로운 사람에게 본인이 연애 중인 사실을 비밀로 하는 경우, '환승자'는 사실상 새로운 사람도 속이는 셈이라 발각되었을 때 양쪽의 비난을 오롯이 혼자 감당해야 한다. 상당히 리스크가 큰 행동이라 할 수 있다.

둘째는 기존의 연애가 종결되지 않았으나 사이가 소홀해진 것을 주변에 어필하며 새로운 사람의 용인하에 양다리를 걸치다가 서서히 기존 연애를 정리하는 경우다. 이때 새로운 사람은 환승자의 공범이 된다. 이런 방식의 환승은 제법 자주 일어난다. 이 경우 환승자는 환승 행위의 든든한 지원군을 얻는 셈이라 비난은 기존 연인으로부터만 받으면 된다.

하지만 새로운 연인이 환승자를 얼마만큼 신뢰할 수 있을지는 미지수다. 환승자의 새 연인은 환승자가 언제든지 다시 새로운 연인을 만나 환승할 수 있으리라는 것을 연애 시작부터 알게 된다. 환승해온 상대방을 믿을 수 있을까. 이 사람이 끝까지 나에게만 머무르리라고 신뢰하기는 쉽지 않다.

셋째는 기존의 연애가 사실상 파탄 단계에 이르러 서로 명시적으로 '헤어지자'는 관계 해지의 의사표시만 하지 않았을 뿐, 묵시적으로 연애관계가 끝나가는 상황일 때 새로운 연애 대상자를 물색하는 경우다. 헤어지고 난 뒤에 혼자

남겨질 자신을 감당하기 어려운 사람들이 주로 이 방법을 택하는 것 같다. 기존 연인을 거의 만나지 않고 서로 연락이 뜸해지는 동안 주변에는 사실상 헤어진 것이라고 알리며 소개팅을 하기도 한다. 새로운 연애 대상자를 찾고 나서야 환승자는 용기를 내어 기존 연애를 마무리한다. 그동안 새로운 연애 대상자에게 '기다려달라'고 말하고 잠시 연애 교섭 기간을 유예했다가, 이후 기존 관계가 정리되면 서서히 새로운 사람과의 연애관계로 진전을 이뤄나간다.

대개 이런 경우는 정확하게 말하면 '겹치는' 것은 아니기 때문에 환승이라고 부르기 애매한 지점이 있다. 분명 전 연인과의 관계가 끝나자마자 곧바로 새로운 사람을 만나 연애를 시작했지만, 그렇다고 해서 배타적 관계라는 연애의 대원칙을 위반한 것은 아니기 때문이다. 환승자가 정말로 기존 연애 기간에 새로운 사람을 물색한 것인지 명확하지 않은 경우도 있다. 사랑이란 하루아침에도 갑자기 생겨날 수 있기 때문이다.

이미 파탄에 이른 관계를 완전히 종결하기 전에 새로운 대상자를 물색하고 가능성을 열어두는 행위 자체를 비난하기는 어렵다. 그렇지만 관계가 끝난 것도 아닌데 그저 양다리 내지 바람을 피우다가 기존의 연애관계를 정리해서 결과적으로 대외적 관계를 맺는 사람의 변동, 즉 환승이 되어버리는 경우는 기존 연애 상대와의 신의를 크게 저버린 행위라고 생각한다. 아무리 사랑에는 죄가 없다지만 이 경우는 비난의 여지가 있다. 연애관계는 한번에 한 사람과만 (혹은 약속한 인원하고만) 형성하기로 나름의 사회적 합의가 되어 있기 때문이다.

환승 이별의 사례를 제법 흔하게 접하다보니 특별히 싸운 것도 아닌데 헤어짐을 말하는 연인을 보면 "다른 사람이 생긴 거야?"라고 묻게 된다. 너 지금 환승하는 거냐고, 나와 이별을 고한 즉시 다른 사람에게 웃으며 전화할 거냐고, 그 사람에게로 달려갈 거냐고 따져 묻고 싶은 마음을 감춘 채.

나도 이별의 순간에 이 질문을 한 적이 있다. 다른 사람이 생겼다고 하면 깨끗하게 정리할 요량으로 한 말이었지만 지금 이별을 말하는 상대방이 도덕적으로 나보다 열등하다는 점을 지적하고 비난하고 싶기 때문이기도 했던 것 같다. 솔직히 "지금 우리 관계의 신뢰를 깬 사람은 바로 너야, 우리가 헤어지는 것은 전적으로 너의 잘못 때문이야"라고 말하고 싶었다. 그래서 아마 헤어지는 순간에 '혹시?' 하는 의심을 거두지 못했던 것일지도 모른다. 헤어짐을 말한 연인은 다음 날 새 연인의 손을 잡고 내 앞에 나타났다. 그다음 만난 사람도 나와 헤어진 뒤 한달 만에 새 애인이 생겼다는 소문을 들었다. 연속해서 환승 이별인지 아닌지 알 수 없는 이별을 당하고 나서 생각했다. '아, 환승 이별 이거 괜찮구나. 당하는 나는 배신감에 치를 떨어도 그에게는 현명한 백업 플랜일 수 있겠구나' 하고 말이다.

환승 이별을 당하고 나서 한동안은 내가 사랑했던 연인보다 내 연인이 새로 만나게 된 그 사람이 더 미웠고 더 오래도록 용서하기가 어려웠다. 우리의 관계를 깬 것은 나의 전 연인이건만 마치 장난감을 빼앗긴 아이가 된 기분이었다. 연인이 더이상 나를 사랑하지 않는다는 사실을 받아들이기보다는 그를 누군가에게 빼앗겼다고 생각하는 편이 내 연인의 식어버린 감정을 직면하지 않는 좋은 방법이었다.

그러나 사실 이 방식은 내 연인의 자유의지를 무시하는 일이었다. 새로운 사람과 내 연인의 사랑이 실재하지 않는 것처럼, 그들의 약속이 존재하지 않는 것처럼, 무가치한 것처럼 저평가하는 일이었다. 나는 아이가 아니고, 연인은 내 장난감이 아니다. 연인의 새 애인은 나와 연인이라는 물건을 두고 경쟁하는 사이가 아니다. 그저 내 연인은 마음이 움직이는 대로, 혹은 조금 더 적합한 상대방을 찾아 나선 것일 뿐이었다. 내 연인이 나와의 약속을 깨기로 결심했기 때문에 이런 일이 발생한 것이다. 나와 내 연인 사이의 문제였지 나와 내 연인의 새 애인 사이의 문제라거나 세 사람의 문제는 더더욱 아니었다.

제삼자에게까지 권리주장을 할 수는 없다

일반적인 계약에서도 계약이 깨지는 과정에 제삼자가 연루되어 있다고 해서 무조건 제삼자에게 책임을 물을 수 없다. 제삼자가 이미 계약이 되어 있는 것을 알면서 둘 사이에 방해가 되는 계약을 체결했다 하더라도 그 과정에서 제삼자가 계약 당사자 중 한쪽과 적극적으로 공모를 했거나, 협박이나 사기처럼 사회질서에 반하는 방식을 활용해서 계약 당사자에게 손해를 끼칠 생각으로 계약에 끼어들었다는 등의 특별한 사정이 있을 때라야 그 사람의 행위가 위법하고, 고의적으로 계약을 방해한 것이라고 인정한다.

예를 들어 A가 중요한 의뢰인의 부탁으로 반드시 특정 도자기를 입수해야만 하는 상황이라고 하자. A가 그 도자기를 가지고 있는 B에게 거액을 주고 사기로 했는데, C가 뒤늦게 B에게 접근해 A보다 먼저 돈을 지불하고 그 도자기를 가져갔다면 어떨까. 만약 C가 A의 급한 사정을 전혀 몰랐고, 그저 먼저 사기로 한 사람이 있다는 사실을 들은 정도라면 A는 도자기를 입수하지 못한 책임을 C에게 지라고 할 수 없다. 만일 C가 이 도자기를 B가 A에게 팔기로 한 사실을 알고서 이를 방해하기 위해 B에게 거액을 주고 가로챈 것이라거나 B와 C가 A를 골탕 먹이기 위해서 공모를 한 것이라거나 하는 등의 이례적인 사정이 인정될 때 A는 B뿐만 아니라 C에게도 손해배상을 청구할 수 있다. 그러나 원칙적으로는 A에게 도자기를 팔기로 해놓고 C에게 팔아버린 B에게 손해배상을 청구하는 것이 자연스럽기도 하고 가장 합리적인 접근이다.

나와 연애관계를 유지할 의무와 책임은 기본적으로 이 관계를 약속한 나와 내 연인에게만 있다. 연애가 아니라 결혼이었다면 조금 다른 문제다. 혼인관계를 유지하고 있는 상황에서 새로운 사람과 사랑을 하고 그 사랑 때문에 이혼을 하게 되었다면, 바람을 피운 사람의 배우자는 자신의 배우자와 바람을 피운 상대방, 즉 상간자를 상대로 손해배상을 청구할 수 있다(이 경우에도 상간자가 내 배우자가 기혼 상태라는 것을 모른 채 속은 것이라면 그 사람에게는 책임을 물을 수가 없다).

그러나 연애관계는 결혼처럼 법으로 보호되는 관계가 아니라 기본적으로 자유경쟁 관계이고, 그저 둘이서 만나기로 합의한 정도의 관계다. 물론 신뢰가 돈독하면 할수록 서로간에 요구하는 책임의 크기도 커지겠지만, 그렇다고 해서 애인이 있는 것을 알면서도 그 사람과 연애를 한 제삼자의 행동을 사회적으로 크게 비난해야 할 정도로 연인관계를 법이나 기타 규칙들로 보호하고 있지도 않다. 그러므로 결혼처럼 법률의 보호를 받는 관계도 아닌데 제삼자에게까지 우리의 관계를 침범하지 말라고 요구할 수 있는 권리는 없다(그저 연애 상태를 공개적으로 표시함으로써 배려받기를 기대할 뿐이다). 사과를 받는다면 환승을 한, 사실상 바람을 피운 내 연인에게 받아야 하고, 관계를 깬 것에 대한 비난 역시 제삼자가 아닌 연인의 몫이어야 한다.

신뢰는 계약에서 너무나 중요한 일

금전적인 책임뿐만 아니라 형사적인 책임까지 지게 될 수도 있는 계약도 있다. 부동산 매매의 경우가 그렇다. 우리나라의 법체계는 부동산을 특별하게 취급하는 편인데, 대체로 부동산은 각 개인들의 전 재산이 달려 있는 경우가 많기 때문이다.

부동산은 보통 계약금, 중도금, 잔금의 순서로 매매대금을 지급하는 단계를 밟아 거래가 완료된다. 계약금만 지급한 단계에서 해당 부동산을 사지 않기로 할 경우 매수인은 계약금만 포기하면 부동산매매계약을 해제할 수 있다. 반면에 매도인이 계약을 해제하려면 매수인에게 받은 계약금의 두배를 지급해야 한다.

그다음 단계인 매수인이 중도금까지 지급한 상태라면 이때는 매도인이 함부로 제삼자에게 이 부동산을 팔 수 없다. 중도금을 받은 매도인에게는 매수인에게 소유권등기를 이전해주어야 할 의무가 생긴다. 중도금을 받았는데도 매도인이 제삼자에게 이 부동산을 팔고 소유권이전등기까지 하면 이때 매도인에게는 형법상 '배임죄'가 성립된다. 배임죄란 기본적으로 일을 맡긴 사람의 신뢰를 저버리는 범죄행위를 말한다. A가 B에게 일 처리를 부탁했는데, B가 A의 신뢰를 배신하고 A가 부탁한 일을 하지 않고 이를 이용해서 이득을 취하고, 그런 상황 때문에 A가 손해를 봤을 때 B는 배임죄를 범한 것이 된다. 소위 '부동산 이중매매'에 관련된 법리인데 굉장히 오랫동안 유지되어온 판례이다.

연애도 때로 인생이 걸린 일인 경우가 있으니 부동산 거래에 비유를 해도 괜찮을 것 같다. 부동산 거래에서 계약금만 지급된 상태, 이를테면 썸이 진전된 상황인 경우에는 약간의 예의만 갖추면 얼마든지 연애 교섭 상대에게 "우리는 아닌 것 같아"라거나 "다른 사람이 생겼어"라고 말하고 관계를 정리할 수 있다. 그에 따르는 사회적 비난의 정도도 그리 무겁지 않다. 스스로 느끼는 마음의 부담도 덜한 것이 사실이다. 그런데 아예 사귀기로 했거나, 사귀자는 말만 하지 않았지 거의 사귀는 것과 다름없는 관계에 이른 상황이라면 중도금이 지급된 상태와 비슷하다. 이때는 썸을 탈 때처럼 가볍게 관계를 정리하기가 쉽지 않다. 이미 관계 성립에 따른 책임이 발생해버리기 때문에 함부로 이를 저버릴 수는 없는 일이다.

잔금까지 지급된 상태는 본격적으로 서로에 대해 신뢰하고, 진지한 연애를 하기로 약속한 단계라고 볼 수 있다. 연인이 인생에서 중요한 시기일 때 응원해주는 것, 세심하게 서로의 상황을 이해하고 서로 사랑하는 것 등 연인으로서 당연히 할 것이라 기대되는 행위를 하지 않으면 관계가 위태로워진다. 반대로 해서는 안 되는 것으로 기대되는 행위, 이를테면 양다리를 걸치거나 상대방의 상황에 무관심한 행위 등은 신뢰를 저버리는 것인 만큼 연인으로서의 의무를 위반하는 것이라고 할 수 있다. 연애하는 사람은 연애관계라면 가져야 할 기본적인 신뢰에 따라 행동할 필요가 있다. 상대방과의 신뢰관계를 잘 유지하면서 관계를 이어나가는 것이 연애를 하는 사람의 책임이자 의무이기 때문이다.

그런 점에서 언제 연애가 끝났는가는 의외로 많은 도덕적 함의를 갖게 되기도 한다. 어설프게 연애 막바지에 다른 사람과 썸을 타다가 '아, 이 정도면 이 사람과의 연애는 끝난 거지'라고 생각하면서 지금 연인과의 관계를 정리하지 않은 채 새로운 연인과 관계를 시작해버린다면, 지금 연인은 아직도 연애관계라 생각하고 있는 상황에 놓이게 되고 이는 분란의 씨앗이 될 수도 있다. 지금 연인과의 관계를 정리하지 않은 사람은 환승 내지 양다리를 걸친 것이 되어버리기 때문이다.

연애관계에서 환승이 뭐 그리 대수냐고 생각할 수도 있지만 생각보다 '겹친다'는 것이 주는 타격은 환승을 당한 전 연인뿐만 아니라 그러한 경험이 있는 다른 사람들에게까지 그 사람의 인격을 의심하게 만든다. 새로운 연인과 긴 연애를 이어가지 않는 한, 환승자는 오래도록 그가 속한 공동체에서 '신뢰하기 어려운 사람'이라는 꼬리표가 붙게 된다. 연애는 내밀한 관계인 만큼 그 사람의 '사람됨'에 대한 지표로 작용한다. 깊은 관계를 맺었던 사람에 대해서마저 신뢰를 쉽게 저버리는 사람이라는 평가는 그 사람과 가벼운 계약을 체결하려던 다른 사람들에게 나쁜 신호를 줄 수 있다. 계약관계에서 상대방이 이 계약의 내용을 약속한 대로 이행할 것인가, 계약관계를 유지하기 위한 노력을 할 것인가에 대한 '신뢰' 역시 무척 중요한 요소이기 때문이다.

환승한 그 사람, 믿을 수 있을까

한편으로는 이런 궁금증도 든다. 연인의 새 사람은 그가 전 연인에게서 자신에게로 옮겨오는 과정에서 두 사람 사이를 겹쳐 만났다는 사실을 알까? 기존 연애에서 나에게로 환승한 것임을 알 때 우리는 과연 이 환승자의 연애관계 유지에 대한 진지함과 성실함을 어느 정도로 신뢰할 수 있을까? 상대방이 나에게로 환승한 것을 알았을 때 과연 그 사람과의 연애는 순탄할까? 이 사람이 나에게로 옮겨온 것처럼 다른 사람에게로 다시 옮겨가지 않을까 하는 불안감이 필연적으로 들지 않을까?

전 연인과 무엇 때문에 헤어지게 되었는지 궁금한 이유는, 이 사람이 나와의 연애관계에서 발생할 문제들을 과연 얼마나 버티고 함께 해결해나가려고 할 것인가에 대한 답을 어느 정도 가늠할 수 있게 하기 때문이기도 하다. 새로운 연인의 불안을 해소하는 일은 결국 환승자가 새로운 사람에게 열과 성을 다해 관계를 유지하기 위한 노력을 보여주는 것뿐이다. 연애라는 계약은 '사귀자'라는 말을 하는 것으로 완성되는 관계가 아니라 끊임없는 상호작용과 관계 유지를 위한 노력을 통해 이어가는 것이기 때문이다.

사랑도 이별도
모두 나의 시간

처음 이별을 마주했던 스물한살 봄, 나름 연애를 많이 해봤다는 선배에게 물었다. "사랑했던 사람을 잊는다는 게 가능해?" 돌아온 대답은 이랬다. "아니, 나는 새로운 사람을 사랑하게 되어도 그 전 애인도, 그 전전 애인도 다 생각나던데." 완전히 잊는다는 것은 불가능하다는 사실을 알고 나니 오히려 헤어짐이 덜 가혹하게 느껴졌다.

이별을 처음 경험할 때는 이 사람과 헤어져버리면 내 좋은 추억들마저 삭제되어야 하는 시간인 것처럼 생각이 되어서 헤어짐이 몹시 두려웠다. 그러나 몇번의 이별을 경험하면서 내가 깨달은 것은, 이별을 포함한 연애 기간 전체가 모두 '나의 시간들'이라는 것이다. 굳이 삭제하려고 애쓸 필요 없다.

헤어지는 순간 이미 그 사람은 내가 알던 사람과는 다른 사람이다. 나는 그저 그 사람과 사랑했던 시간을 정리하고,

새롭게 시작될 나의 시간을 맞이할 준비를 하면 된다. 지나온 시간들이 아까워서 이미 냉랭해져버린 관계를 버티려고 하거나, 상대방의 배신행위를 눈감을 필요는 없다. 그 사람과 함께했던 시간들은 결국 나의 시간들이다. 나는 아까운 내 시간을 행복하지 않은 순간들로 채우고 싶지 않다.

이별에도 단계가 있다
계약해지의 다양한 얼굴과 조정 절차

연애는 끊임없는 교섭의 과정이다. 때로는 서로에게 요구하는 조건들이 변경될 수도 있다. 계약에서는 변수가 발생했을 때를 대비해 '상호 협의하에 계약 조건을 변경할 수 있다'는 유보조항을 넣는 경우가 많다. 이런 조항은 계약에 안정성을 부여한다. 서로의 상황이 달라져도 변경될 수 없는 딱딱한 계약은 오래가기 어렵다. 처음 연애를 시작했을 때 원했던 조건만을 고집하는 연애 역시 오랜 기간 유지하기에는 무리가 있다.

연인간의 삶의 속도 차

사람은 시간이 지나면 사회적 지위가 바뀌고, 경험이 쌓이고, 만나는 사람이 다양해지면서 차차 변하게 된다. 그런데 이 변화를 인정하지 않고, 맨 처음 연애를 시작할 때의 기준에서 한발자국도 움직이지 않는다면 아이 옷을 입은 덩치 큰 어른처럼 불편해질 때가 온다. 그렇기에 관계에도 가끔은 휴식이 필요하고 현재의 우리에게 맞는 관계를 재정립하는 노력이 필요할 때도 있다. 서로의 변화를 세심하게 감지하고 잘 조율해나가는 관계가 오래가기 마련이라는 사실은 굳이 계약의 안정성을 논하지 않더라도 너무나 당연한 일이다.

우리는 주변에서 캠퍼스 커플이었던 두 사람 중 한 사람이 먼저 사회에 진출하면 얼마 못 가 그 관계가 깨지는 사례를 드물지 않게 목격하곤 한다. 사회인이 된 연인은 학교에서는 경험하지 못했던 좋은 일들, 나쁜 일들, 고통스러운 일들, 설레는 일들을 만나며 일상을 보내는 동시에 본인이 제어할 수 없는 각종 일정들에 휘둘리게 된다. 그러다가 겨우겨우 시간을 내서 데이트를 하는데, 아직 학생인 연인은 여전히 학교 안에서 벌어지는 친구 이야기, 학점 이야기, 교수님 이야기만 하니 대화가 겉돈다. 사회인이 된 사람에게 학교 이야기는 그저 과거일뿐 현재의 관심사가 전혀 아니기 때문이다. 게다가 애써서 시간을 낸 본인의 노력을 인정하기는커녕 데이트 횟수가 줄어든 것에 서운함을 느끼는 연인이 야속하기도 하다.

반대로 학생인 연인은 사회인이 된 연인이 더는 내 이야기에 공감해주지 않고, 갑자기 '어른'처럼 굴며 조언을 일삼는 모습이 서운하고 연인과의 관계에 보이지 않는 벽이 생긴 듯한 기분이 든다. 더는 나에게 관심이 없는 것만 같고 데이트 내내 피곤한 얼굴을 하고 있는 연인의 모습에 상처를 받는다. 이럴 때일수록 서로의 상황이 변화되었다는 사실을 깨닫고 서로의 성장을 인정하고 기원하는 마음을 갖는 것이 필요하다. 더불어 기존의 데이트 패턴 변경, 관계 재설정과 같은 새로운 약속을 세우려는 노력을 해야 한다. 그렇지 않으면 서로 상대방이 나에 대한 마음이 식었다고 느낄 만한 상황들을 자꾸 마주하게 되고 결국 이별의 수순을 밟게 된다.

이처럼 연인 사이는 매우 밀착된 인간관계이기 때문에 서로 삶의 진행 속도가 맞지 않으면 헤어지기 쉽다. 서로에게 원하는 것이 바뀔 수도 있고 각자가 처한 환경이 바뀔 수도 있다. 서로에게 얼마나 탄력적으로 적응하고 이해하고 지지

할 수 있는가가 매우 중요하다. 사회적인 성공이나 금전적인 풍요로움이 더해졌다 하더라도 인간적인 성숙이나, 좀 더 행복한 삶을 위한 조건들을 마련해가는 노력, 혹은 둘이서 함께하는 시간을 늘리기 위한 노력을 게을리해서는 안 된다.

좋은 이별이 있을까

그 사람이 나를 좋아하고 나도 그 사람을 좋아한다는 '통하는' 기분은 가슴 한편이 찌르르해지고, 코끝이 찡해지며, 입을 앙다물어도 나도 모르는 사이에 웃음이 삐져나오게 만든다. 그랬던 사랑의 감정이 어느새 퇴색되어 나에게 그런 감정을 주던 사람을 봐도, 서인영의 '헤어지자'의 노랫말처럼 "습관처럼 입술 맞댄대도 모래처럼 거칠 뿐"인 그런 사이로 시들어버릴 때가 있다.

이별의 이유는 연애를 시작하는 이유만큼이나 제각각이다. 또한 이별을 주저하는 이유도 그만큼이나 다양하다. 좋아하지만 괴롭기 때문에, 더는 좋아하지 않지만 그동안 상대방과 쌓아온 추억의 무게 때문에, 이 관계에 들인 시간과 비용이 아깝다는 생각 때문에, 헤어지고 나면 나는 잘 지낼 수 있을지 외로움에 대한 걱정 때문에, 상대방이 지금 중요한 시기인데 괜히 충격을 주어서 힘들게 하는 것은 예의가 아니지 않을까 하는 고민 때문에, 헤어져도 딱히 만날 사람도 없는데 굳이 지금 헤어질 필요가 있는가 하는 타이밍의 문제 때문에도 주저하게 된다.

그렇지만 이 사람과 연결되어 있는 내 삶이 왠지 구차하게 느껴진다거나, 아래로 침잠하는 기분이 든다거나, 관계에 분명 문제가 있는데 이를 헤쳐나갈 마음이 전혀 들지 않는다거나, 상대방이 더는 나를 사랑하지 않는다는 확신이 들 때 우리는 이별을 생각한다. 별달리 싸움도 없었는데 아이유의 '사랑이 잘'의 노랫말처럼 "사랑이 잘 안" 되는 그런 상황, 좋은 날을 "떠올려봐도" "피부를 부비고 안아봐도, 입술을 맞춰도 참 생각대로 되지 않아"버리는 그런 상황과 함께 이별은 우리를 찾아온다. 너무 화가 나서 더는 꼴도 보기 싫고 당장에 잘라버려야 속이 시원할 것 같아서, 이 사람 때문에 스스로를 옥죄는 내가 너무 싫어 이런 상황에서 도망가고 싶어서 저지르는 이별도 물론 있겠지만.

어떤 이별이 좋은 이별인가? 관계의 실질이 남아 있지 않을 정도로 닳아 없어진 두 사람이 형식적인 관계에 종결을 구하는 상황에서의 어쩔 수 없는 이별일까, 적당히 좋은 감정은 남아 있으나 더 버티면 인간적인 호감마저도 사라지게 될 위기에 처한 상황에서의 이별일까, 서로 여전히 좋아하지만 함께할 수 없다는 판단 아래 내리는 이성적인 이별일까. 좋은 이별이라는 게 과연 존재하기는 하는 것일까. 어떤 이별이 '좋은' 이별이다 아니다를 결정할 수는 없다. 헤어짐 앞에 '좋다'는 말을 붙이는 것은 이미 형용모순이다. 그러나 '필요한' 이별은 있을지도 모르겠다. 더이상 서로가 서로를 믿을 수 없는 상황, 노력해도 안 되는 상황, 노력조차 하고 싶지 않을 만큼 마음이 떠난 상황, 함께 있으면 위협을 느끼는 상황, 그런 상황에 놓인 연인이라면 이별이 '필요'하다.

연애의 채무불이행

연애를 계약에 비유하자면, 연인에 대한 권리는 일종의 '채권'에 가깝다고도 볼 수 있다. 채권은 특정인이 다른 특정인에 대해 어떤 행위를 청구할 수 있는 권리를 말한다. 이 권리의 상대방이 지는 의무를 '채무'라고 한다. 일상에서는 주로 갚아야 할 돈이 있을 때 '채무가 있다'고 좁은 의미로 사용하지만 넓은 의미의 채무는 계약상 내가 지는 의무 전체를 포괄한다. 계약으로 정한 채무를 이행하지 않았을 경우를 '채무불이행'이라고 한다. 채무불이행이 발생한 경우 계약 상대방은 채무불이행을 한 사람과의 계약을 해제할 수 있고, 채무불이행으로 인해 손해가 발생하면 손해배상을 청구할 수 있다.

계약이라는 것은 계약 당사자가 어떤 행위를 '하는' 의무를 지는 경우가 있고, 반대로 어떤 행위를 '하지 않는' 의무를 지는 경우도 있다. 연애에 대입해보면 어떤 행위를 할 것인가에 대한 채무의 내용은 커플인 두 사람의 약속이니만큼 천차만별이겠지만, 적어도 바람 피우지 않기 정도는 하지 말아야 할 의무에 해당될 것이다.

지키기 위해 하는 것이 약속이지만 이미 지킬 수 없는 상황에 놓여버린 약속은 억지로 손을 부여잡고 있은들 서로가 처한 상황이나 감정만 더 나빠지고 결국에는 성사되지는 않는 경우가 많다. 계약도 한쪽이 이행하기로 한 의무를 제때에 하지 않거나(이행지체), 제대로 하지 못하거나(불완전이행), 할 능력이 없거나(이행불능), 하지 않겠다고 선언(이행거절)하는 등 다양한 채무불이행의 상태에 빠지면, 계약을 해제하는 것이 더 나을 때가 있다. 계약을 유지해봐야 결국 계약을 체결할 당시에 양자가 합의했던 그 목적을 이룰 수 없기 때문이다.

수제 가방을 제작 주문한 경우를 생각해보자. 가방을 받기로 한 날 가보니 내 가방은 이제 겨우 가죽 재단이 끝난 상태이고 한달은 더 기다려야 한다는 이야기를 들었다면 상대방이 약속된 기한 내에 의무를 이행하지 못한 것이므로 이행지체에 해당한다. 내가 주문한 가방이라고 주는데 가방의 만듦새가 불량품에 가깝다면 기한은 지켰으나 물건이 충분한 상태가 아니므로 불완전이행에 해당한다. 알고 보니 제작을 담당하던 직원이 공방을 그만둬서 공방에 지금 당장 내 가방을 만들 수 있는 사람이 없는 상태라면 의무이행이 불가능한 상태이므로 이행불능에 해당한다. 갑자기 가방 가격이 잘못 책정된 것 같다며 내가 지불한 가격으로는 가방을 만들어줄 수 없으니 추가 비용을 내라고 어깃장을 놓는다면 약속한 가격과 기한에 의무를 이행할 생각이 없다는 의사를 밝힌 것이므로 이행거절에 해당한다. 이렇게 계약관계에서는 다양한 종류의 채무불이행 상태가 발생할 수 있다.

물론 연애관계에서 가방 주문의 예처럼 어떤 특정한 행동을 기준으로 채무불이행 여부를 따질 수는 없겠지만, 관계 유지를 위해 서로 노력할 의무라는 추상적인 채무에 빗대어 이야기를 이어나가보자. 가볍게 데이트를 예로 들어보면 이렇다. 데이트를 하기로 약속을 했는데, 한쪽이 번번이 연인과의 선약을 깨고 다른 약속을 잡으면서 "미안, 우리는 자주 만나잖아"라고 이야기한다면 어떨까. 힘든 일이 있어서 기대고 싶어하는 연인에게 "나도 피곤해"라고 말할 뿐 관심이나 애정을 기울이지 않는 상대방과의 데이트는 어떨까. 막상 데이트를 한다고 만났는데 세상만사가 귀찮은 듯한 표정을 짓고, 연인을 만나나 만나지 않으나 그저 자신만의 삶을 살아갈 뿐, 연인이 삶의 일부분으로 포함되지 않는 사람이라면 어떨까. 또는 아예 연락을 끊어버린다거나, 연인 외에 다른 사람과 바람을 피우고 있다거나, 연인에게 폭언이나 폭력을 행사한다면 어떨까. 과연 이런 상황에서 연인관계라는 계약을 유지하는 것이 의미가 있을까.

다시 가방 이야기로 돌아가 생각해보자. 약속된 시간 안에 가방을 완성하지 못했다면 기간을 다시 정해서 이 기간 내에 완성품을 주지 않으면 물건을 사지 않겠다고 통보한 뒤, 그 기간이 지난 후에도 완성품을 받지 못하면 주문을 취소하고 물품대금을 환급받을 수 있다. 완성품이라며 가방을 주었는데 하자가 있는 경우라면 하자 수선을 요구하고 수선을 해주지 않으면 수선에 들어갈 것으로 예상되는 비용만큼을 가방 가격에서 제하고 지불할 수도 있다(가방을 주문할 때 사전에 환불이나 수선과 관련한 약속을 정확히 하는 것이 중요하다). 그 외에 아예 가방을 만들어줄 수 없는 상황이거나 갑자기 추가 비용을 요구하며 가방 만들기를 거절한다면 이 경우에는 해당 공방에 계속 가방을 만들어달라고 요구하기보다는 내가 지불한 가방 비용을 환불해달라고 하는 편이 현명하다. 그렇지만 공방이 가방을 제대로 만들어서 주었는데 가격을 후려치려고 하거나, 마음이 바뀌었다며 가방을 사지 않겠다고 우겨서 환불을 받는 일은 가능하지 않다. 가방이 제대로 만들어져서 제때 전달이 되었는데도 이런 태도를 보이면 오히려 공방이 나를 상대로 물품대금을 청구할 수 있다.

연인관계도 문제가 생겼거나 신뢰가 깨졌을 때 관계를 유지하고자 하는 의지가 있다면 상대방이 사과를 하고 특정 문제점들을 개선하기를 기대한다. 그러나 사과는 말뿐이고, 같은 문제가 반복된다면 사실 개선 요구 자체가 무색한 일이 된다. 상황에 따라서는 사과할 기회조차 주지 않을 수도 있다. 깨어진 신뢰를 바로잡는 데는 잘못을 저지른 상대방의 노력뿐 아니라 피해를 입은 사람 역시 상대방을 다시 믿기 위해서 많은 노력을 기울여야 하기 때문이다. 오히려 헤어지는 것만이 유일한 해결책인 상황들이 분명 존재한다.

이별의 연착륙

연애의 시작이 계약 성립 과정과 닮아 있듯이 이별도 계약의 해소 과정과 닮아 있다. 두 사람이 관계를 맺기로 약속했다가 계속 좋은 관계를 유지하기 어렵다고 판단했을 때 계약을 해제하기로 합의하거나 한쪽의 의사표시에 의해서 해제된다는 점에서 그렇다. 다만 계약에서는 원칙적으로 약속을 위반한 사람, 즉 계약해제의 책임이 있는 사람은 계약해제를 청구할 수가 없다.

계약법의 이런 취지는 보통사람들의 생각과도 비슷하다. 우리는 대체로 잘못한 사람은 말이 없어야 하고, 피해를 당한 사람의 처분을 기다려야 한다고 생각한다. 예를 들어 법률적 관계인 혼인관계의 경우에도 결혼생활에서 잘못이 있는 사람이 자기 배우자를 상대로 이혼소송을 청구해도 승소하기 어렵다. 이혼소송은 원칙적으로 잘못이 없는 사람이 잘못한 사람에 대해서 청구했을 때 받아들여지기 때문이다. 물론 잘못이 있는 사람이라 하더라도 법원에 이혼소송을 제기해서 승소할 수도 있다. 상대방도 혼인을 유지할 마음이 없고, 유책 배우자가 잘못의 크기를 상쇄할 정도로 자녀나 배우자에 대해서 보호와 배려를 하고 있고, 잘잘못을 따지는 것이 무의미할 정도로 배우자가 받은 정신적인 고통이 약화된 상태일 때 같은 매우 드문 경우에 한정되기는 하지만 말이다. 이와 달리 연애관계는 법적·사회적으로 보호받는 관계가 아니기 때문에 굳이 상대방이 잘못을 하지 않아도 한쪽에서 연애관계를 유지하기로 한 약속을 끝내고자 하면 곧바로 끝날 수 있다는 점에서 일반적인 계약과는 조금 다르다.

계약해제는 계약의 주요 부분이 애초부터 효력을 발생하지 않았던 것처럼 되돌리는 것을 의미하고, 계약해지는 현재까지 진행된 계약관계는 유효하게 인정하되 앞으로 서로 이행하기로 했던 약속을 소멸시키는 것이라고 앞서 설명한 바 있다. 주로 물건을 사고파는 계약과 같이 일시적인 계약의 경우에는 지불한 돈을 환불받고 받은 물건을 돌려주는 방식으로 원상회복이 가능하지만, 임대차계약과 같이 계속적으로 계약 상태가 유지되는 것을 내용으로 하는 계약의 경우에는 살지 않았던 상태로 되돌아가는 것보다는 살면서 이용한 대가를 지불하고 이후의 관계를 해소하는 것이 더 적절하다. 계약의 해지는 이렇게 계속적인 계약의 경우에 한해서 인정된다.

연애관계는 서로 사이가 틀어지고 이별한다고 해서 연애를 하지 않았던 상태로 되돌릴 수 없다는 점에서 '해제'가 아닌 '해지'만 가능하다. 여태까지 서로 해왔던 것들은 인정하고 앞으로 더는 연인관계를 지속하지 않기로 하는 약속이기 때문이다. 물론 심정적으로야 만났던 사람 리스트에서

악몽 같았던 연애 상대방을 지워버리는 것이 얼마든지 가능하겠지만 말이다.

계약을 끝내는 방식은 크게 두가지이다. 하나는 쌍방이 계약을 해제하기로 하는 합의 내지 해제계약을 체결함으로써 끝내는 방식, 다른 하나는 법의 도움을 받는 방식이다(해제와 해지는 기본적으로 법리가 유사하므로 해제를 기준으로 서술하겠다). 해제를 합의한 이후라도 법률관계가 정리되지 않아 법원에 조정을 요청할 수도 있고, 한쪽이 먼저 계약해제 의사표시를 전달했지만 상대방은 동의하지 않는 경우 소송을 통한 판결로써 법률관계를 정리를 받는 방식을 취할 수도 있다.

연애를 하던 두 사람이 점점 시들해지는 마음을 인정하고 헤어지기로 '합의'하에 이별하는 경우는 계약을 해제하는 것과 유사하다. 일반적으로 계약에서 양자가 합의하에 해제를 하면 법률관계도 깔끔하고 양자간에 감정적인 골이 깊어지기 전에 정리될 수 있다. 문제가 발생했을 때 각자 잘못한 점을 인정하고 조금씩 양보해서 서로에게 기대하는 것을 그만두기로 하는 것이기 때문이다. 그동안 들어간 비용 등의 정산 문제나 기타 다른 법률관계들을 어떻게 정리할 것인지 계약해제에 따르는 절차를 '합의'하는 '계약'이 새로 체결되는 것으로 이해하면 적당할 것 같다.

해제계약을 체결하듯 하는 이별은 서로 더이상 사랑하지 않지만 아직 싫어하지도 않을 때라면 가능할지도 모른다. 모든 이별이 반드시 상대방이 싫어졌을 때 하는 것은 아니기 때문이다. 더는 함께하기 어려운 외부적 변수가 발생했거나(일방의 유학 결정이라든지), 여전히 좋아하기는 하지만 서로가 바라는 미래의 모습이 달라져버렸다든지(한쪽은 결혼을 원하고 다른 한쪽은 결혼을 하고 싶지 않은 경우), 좋아하는 마음은 여전하지만 새로운 사람도 만나보고 싶다는 생각이 들기 시작한 경우 등이 아마도 해제계약을 체결할 여지가 있는 상황에 해당할 것이다.

헤어지기로 합의하면서 마음이 식어가기 전까지 얼마나 서로를 사랑했는지 돌이켜보고, 그동안 서로에게 고마웠던 일, 서운했던 일들을 이야기하는 시간을 갖는 이별은 어떨까. 지나치게 이성적으로 느껴질지 모르나 찬찬히 지난 연애관계를 반추하고 더는 관계를 유지하기 위해 상대방의 눈치를 보거나 마음을 숨길 필요 없이 허심탄회하게 이야기를 나누는 것, 그 과정은 헤어짐에 대한 치유의 과정이자 제대로 된 계약해지를 위한 조정의 절차라고도 할 수 있다. 이별에 따르는 어떤 대가, 돌려받아야 할 물건들, 그동안 미처 말하지 못했던 풀지 못한 많은 문제들을 주고받으며 제대로 관계를 마무리하는 것 말이다.

이별을 연착륙시키기 위해서 사전에 경고를 하기도 한다. 소위 "우리 이야기 좀 하자"라고 말하는 타이밍이 그렇다. 법률관계에서는 보통 이런 의사표시를 했다는 증거를 남기기 위해서 우체국 우편을 통해 내용증명을 보낸다. '당신이 이러저러한 계약 위반을 하였으니 언제까지 이를 이행하지 않으면 해제하겠다'라고 먼저 계약해제와 관련한 통보를 하고, 해당 기간이 끝나면 '내가 이러저러한 기회를 주었음에도 불구하고 당신이 이를 이행하지 않았으니 당신의 채무불이행을 이유로 계약을 해제하겠다'라고 다시 한번 내용증명을 보내 계약을 해제하겠다는 의사표시를 한다. 연애에서는 아마도 진지하게 앉아서 현재 연애관계에서 느끼는 불안들, 문제 상황들을 공유하고 이를 시정할 기회를 주는 일이 이와 같을 것이다. 이 기회를 잡지 못하면 우리의 관계는 그대로 이별로 이어지게 될 것이라는 사실을 상대방에게 알리고 차차 이별할 준비를 하는 것이다.

'묵시적 합의 이별'의 인정 사유

명확한 의사표시를 통해 이별을 준비하는 방법이 있는가

하면 이심전심으로 헤어지기도 한다. 계약에는 '묵시적 합의해제'라는 것이 있다. '묵시적 의사표시'는 소극적으로 말은 안 하고 있지만 충분히 의사표시가 된 것을 말한다. 양자 간에 묵시적으로 약정을 해제하기로 하는 '합의'가 있었다고 보려면 오랜 시간 동안 서로 아무런 의무를 이행하지 않고 관계를 방치한 것만으로는 부족하다. 서로 계약실현 의사가 없거나 관계를 완전히 포기한 것으로 볼 정도에 이르러야 한다.

이를테면 한쪽이 연락을 끊고 잠수를 탔는데 다른 한쪽에서 간간이 만나야 하지 않냐며 연락을 하는 경우라면 양자 간 이별의 묵시적 합의가 있다고 볼 수 없다. 마음이 식어가고 만나도 관계가 영 서먹하다는 것을 느끼면서 차차 누가 먼저랄 것 없이 연락이 뜸해지고, 그러다가 한쪽에서 연락을 하지 않기 시작했을 때 상대방도 이를 이별의 의사표시로 받아들이고 마찬가지로 연락을 끊고 다른 사람을 만나거나 주변에 헤어졌다고 알리는 등의 행동을 한다면 서로 헤어지자는 말은 안 했지만 이별하기로 합의한 것이라고 볼 수도 있다. 그러나 묵시적 합의해제는 계약에서도 매우 예외적인 상황에서만 인정된다. 사실 입 밖으로 생각을 표현하지 않고 합의가 되었음을 인정하는 일이 쉽지만은 않기 때문이다.

예를 들어 A가 연인인 B와 심하게 다툰 뒤 "더는 이렇게 못살겠어. 진절머리 나"라고 말했고, B도 "그래, 나도 너 지긋지긋해"라고 말하면서 서로 뒤돌아 자리를 떠났다면 어떨까. 그 싸움 이후 두 사람이 한달 동안 연락을 하지 않았다면? 두 사람은 이날 헤어진 것일까?

이들이 평소에도 자주 싸우고, 싸움 끝에 헤어지자는 말을 하고 각자의 집으로 갔어도, 하루 만에 다시 아무렇지 않게 데이트를 하기도 했고, 때로는 길면 2주까지도 서로 연락을 하지 않다가 아무렇지도 않게 다시 데이트를 즐기기도 했던 커플이라면, 한달 정도 연락을 하지 않는 상황이라 하더라도 이별했다고 말하기는 어려울 것이다. 이게 헤어진 것인지 아닌지, 그때 상대방이 헤어지자고 한 말이 정말 진심이었는지 알기가 어렵다. 그러나 이들이 지금껏 단 한번도 싸운 적이 없거나, 아무리 싸우더라도 절대로 헤어지자는 말을 하는 사이가 아니었다면 앞의 다툼에서 서로에게 한 비난의 말은 충분히 헤어지자는 의미로 받아들여질 수 있을 것이다. 그럼에도 불구하고 정확하게 '헤어지자'는 말을 한 것은 아니어서 그저 상당히 화가 난 것에 불과했을 가능성도 완전히 배제할 수 없다. 이처럼 묵시적 합의라는 것은 인정되기가 어렵다.

그러므로 연애가 끝난 것인지 아닌지 확실하게 정리하기 위해서는 연애를 시작할 때 계약의 성립을 위한 명시적 의사표시가 필요했듯이 연애를 끝낼 때도 마찬가지로 계약을 해지하고자 하는 명시적 의사표시를 하기를 추천한다. 애매함은 이별의 순간을 유예할 뿐이다.

6

데이트 통장의 돈은
누구의 것인가

변호사가 되기 전에 나는 '돈'과 관련된 대화를 나누는 것
이 불편했다. 돈 이야기를 꺼내는 순간 속물이 된 것 같고
쪼잔한 사람처럼 구는 것 같은 묘한 기분에 사로잡히곤 했
던 것이다. 그런데 변호사가 되고 나서 돈이 사람들의 삶에
서 얼마나 중요한 위치를 차지하는지, 돈 이야기를 제대로
할 수 없으면 생활이 얼마나 불편하고 불쾌해지는지, 때로
는 따지지 않아서 얼마나 큰 손해를 입게 되는지 깨달았다.

손해를 보지 않기 위해 또는 손해본 것을 만회하기 위해
사람들은 변호사를 찾는다. 돈을 빌려줬는데 갚지 않는다,
일을 했는데 임금을 안 준다, 맞았는데 치료비나 위자료를
안 준다, 이혼을 했는데 양육비를 안 준다 등등 결코 가볍지
않은 일들이 결국에는 돈 문제로 돌아왔다. 변호사의 업무
가 이런 일에 한정된 것은 아니지만, 적어도 이런저런 업무
를 하게 되면서 어린 시절 가졌던 불편함에서는 해방된 편

이다.

　연애도 생활이므로 돈 이야기를 빼놓을 수 없다. 그런데 연인 사이에서 돈 이야기를 꺼내는 것은 의외로 상당한 용기가 필요하다. 자연스럽게 금전적인 문제를 터놓고 대화할 수 있는 사이라면 좋겠지만 아무래도 자존심을 건드릴 수도 있고, 치사해보일 수도 있다보니 조심스러운 것이 사실이다. 데이트 통장은 그런 점에서 어쨌든 돈 이야기를 해내고 데이트 비용을 함께 부담하기로 합의한 커플들이 만든다. 함께 여행을 가기 위한 목적으로 돈을 모으는 커플도 있고, 평소 데이트 비용을 공동으로 부담하기 위해서 일정 금액을 정기적으로 입금해 사용하는 커플들도 있다.

　공동명의로 데이트 통장을 만드는 경우 통장을 개설할 때나 해지할 때 두 사람이 함께 은행에 가거나 한쪽이 다른 쪽의 위임장을 받아야 처리할 수 있다는 번거로움이 있지만, 한편으로는 은행에 대한 예금 채권을 두 사람이 공동으로 소유하고 있는 것이기 때문에 헤어지더라도 금원의 소유권에 대한 분쟁을 해결하기에 조금 더 간명한 부분이 있다. 한편 요즘은 은행에서도 1인 명의로 통장을 만들되 거래내역을 공유할 수 있는 상품도 내놓고 있다. 보통은 통장 명의자 앞으로 사용 알림 문자 메시지가 오도록 설정하고 명의자가 아닌 상대방이 체크카드를 가지고 결제하는 방식으로 많이들 하는 것 같다.

데이트 통장은 아무래도 돈 문제이기 때문에 입금 금액의 비율 문제, 한쪽이 약속한 돈을 입금하지 않는 경우, 한쪽이 마음대로 데이트 통장의 돈을 사용해버리는 경우, 헤어지고 나서의 정산 문제, 데이트 통장이 본인 명의로 되어 있는 것을 악용해 남은 금액을 전부 인출해서 사용해버리는 경우 등 다양한 다툼이 일어난다.

그렇다면 데이트 통장에 있는 예금은 누구의 것인가? 이때는 두 사람이 어떤 개념으로 데이트 통장을 사용해왔는지가 중요하다. 두 사람이 정해진 비율대로 데이트 비용을 정기적으로 입금했고, 두 사람을 위해서만 사용하고 다른 용도로는 절대 사용하지 않기로 약속을 했으며, 서로 주고받는 선물은 데이트 통장 외 비용으로 지불했다고 하자. 또 누가 데이트 통장의 돈을 마음대로 빼서 쓰고 나중에 채워넣은 일에 대해 크게 싸우는 등 다툼이 있었다면 해당 데이트 통장의 용도는 명확하게 두 사람 모두를 위해 사용되어야만 하는 것으로 둘 사이에 합의가 존재한다고 볼 수 있다. 헤어질 때 상대방이 데이트 통장에서 본인의 비율만큼을 돌려달라고 했다면 더 명확하다.

사정이 이러한데 헤어지고 나서 통장 명의자가 통장을 해지한 뒤 들어 있던 예금 중 상대방이 입금한 비율을 반환하지 않고 혼자 다 써버렸다면 이론상 횡령죄가 성립될 가능성이 있다. 소액이기 때문에 고소를 한다 해도 수사기관에서는 상대방 몫을 돌려주고 합의하라고 유도하고 기소를 하지 않을 가능성이 높지만, 법리적으로는 분명 죄를 저지른 것이다.

대신 민사소송을 통해서 돈을 돌려달라고 청구할 수도 있다. 공동 목적으로 사용하기로 하고 돈을 입금한 것이기 때문에, 소비하고 남은 금액에서 내가 입금한 비율만큼을 청구해서 받을 수 있을 것이다. 다만 민사소송은 소송을 제기한 원고가 증거를 통해서 주장을 증명해야 하기 때문에, 데이트 비용을 항상 데이트 통장을 통해 지출해온 사실, 데이트 통장에 매번 정기적으로 일정 금액을 입금해온 사실, 다른 용도로 데이트 통장을 사용한 적이 없다는 사실, 데이트 통장에 있는 비용을 통장 명의자인 애인이 다르게 사용하는 것을 허용한 적이 없다는 사실 등을 증명할 수 있도록 각종 증거를 제출해야만 한다.

반면에 데이트 비용을 부담스러워하는 상대방을 위해 보태주는 개념으로 데이트 통장을 만들었고, 주로 통장 명의

자의 카드로 결제했으며, 통장 명의자가 자신의 통장과 데이트 통장을 구별하지 않고 데이트 비용 및 기타 비용을 지출했다면 어떨까. 이러한 전용專用에 대해 상대방이 평소 문제를 제기하지 않았고, 거래내역에 대해서도 특별히 관리하지 않았다면? 이런 경우 헤어지더라도 데이트 통장을 어떠한 목적에 한정해 사용하기로 특정한 것이 아니기 때문에 횡령죄가 성립할 가능성이 낮고, 잔액을 그대로 인정해 그중 상대방이 송금한 돈을 분리해내기도 어렵다. 연애를 하며 드는 비용 중 일부를 송금자가 부담한 것일 뿐, 감정 문제를 형사 문제로 비화하기는 어렵다. 이런 상황이라면 민사소송으로도 통장 명의자에게 데이트 비용을 보태주는 일종의 '증여' 개념으로 이해될 가능성이 높아서 승소하기 어려울 수도 있다. 결국 '어떤 성격으로 데이트 통장을 사용했는가'가 핵심인 것이다.

헤어진 후에도 뒷수습은 남아 있다
손해배상과 원상회복

헤어지면 상대방과 찍었던 사진을 찢고 불태우고(나중에 찢은 사진 한쪽을 보며 울고), SNS 친구관계를 끊고(친구를 끊어 놓고서는 다른 사람의 계정으로 재접속하거나, 매일같이 아이디를 검색 해 들어가 들락날락거리며 확인하고), 전화번호를 지우거나 차단 하고(차단했다가도 다시 풀고 차단하고 풀고를 반복하고), 이런 방식 으로 상대와 내가 마치 만난 적도 없는 것처럼, 그가 나에게 남긴 것은 마지막 순간의 상처 하나인 것처럼 그렇게 연애 를 가슴에 묻는 사람들이 있다.

그런가 하면 서로에게 속해 있었던 흔적을 지우기 위해 그동안 주고받은 것들을 상대방에게 우편으로 보내거나 혹은 직접 돌려주려 다시 만나기까지 하는 연인들도 있다. 서로의 공간에 두었던 각자의 물건들, 소소하게는 칫솔부터 갈아입고 깜빡 놓아둔 이후에 잠옷이 되어버린 티셔츠, 신고 왔다가 그의 빨랫감에 섞여 다소곳이 접혀진 양말 한짝, 기초화장품, 세면대에 놓여 녹슬어버린 실핀 같은 것들 말이다. 이런 버릴 수 있을 것 같은 물건들 말고도 서로 나누어 가졌던 각종 커플 아이템들, 선물로 주고받은 약간은 고가인 물건들의 처분도 골칫거리가 된다.

이별 정산

가끔은 헤어지고 나서 연애하면서 준 물건이나 돈을 돌려달라고 소송을 하는 일도 있다(결혼을 준비하다 파혼하게 된 경우에는 파혼에 책임 있는 사람에게 손해배상을 청구할 수 있으니 논외로 하겠다). 대개 명품 가방이거나, 명품 벨트나 구두와 같이 제법 고가의 선물인 경우다. 선물로 준 물건은 사실상 증여한 것이므로 돌려받기가 쉽지 않다. 연애관계가 유지되는 조건으로 물건을 사용하게 해준 것이라는 점을 입증하기가 어렵기 때문이다. 연인에게 선물을 주면서 "이거 우리 사귀는 사이가 유지되는 조건으로 주는 거야. 헤어질 때는 돌려줘"라고 말하는 경우는 거의 없을 것이다.

큰돈을 빌려주거나 주었을 때도 문제가 된다. 상대방이 자발적으로 반환하지 않으면 최악의 경우 돌려받기 위해 반환 소송을 해야 한다. 소송을 하더라도 대여관계가 분명한 경우여야 돌려받을 가능성이 있다. 연인간에는 웬만하면 돌려받지 않아도 괜찮은 수준을 넘어서는 돈거래는 하지 말고, 돈을 빌려줄 일이 생기면 아무리 연인관계라도 차용증을 작성해야 한다. 연인관계는 증여로 인정되기 쉬운 친밀한 관계이기 때문에 돈을 빌려줄 때는 더욱 신중해야 한다.

계약이 해제되면 그와 관련된 것들을 계약을 체결하기 이전 상태로 돌려놓는 것이 원칙이다. 물건을 샀다면 돈을 돌려받고 물건을 돌려주는 식이다. 제공받은 것이 돌려줄 수 없는 것일 때는 그의 가치에 상응하는 금전으로 반환할 수도 있다. 그런데 연애란 이별로서 그 관계가 종결된다 하더라도 그 사람을 만나지 않았던 예전으로 되돌릴 수가 없다. 원상회복이 불가능하다. 그저 현 상태에서 연애관계가 멈추고 더이상 주고받지 않기로 하는 것일 뿐이다. 그럼에도 불구하고 우리는 마치 연애가 끝나면 그 이전의 상태로 원상회복이 될 수 있을 것처럼 행동하곤 한다. 서로 주고받았던 물품들을 되돌려받고, 연애 기간 동안 여러 추억들을 쌓는 데 들었던 비용을 정산한다. 데이트 통장, 커플 요금제 등을 해지하고, 돈을 나누어 가지는 것과 같은 일들 말이다.

관계가 종결되고 나면 그 사후 처리는 누구에게 종결의 책임이 있는지 같은 다툼 자체나, 얼마만큼을 주고받았는지의 문제로 치환된다. 손해배상은 피해자에게 생긴 법익상의 불이익을 메꾸어주는 것을 목표로 한다. 그러다보니 손해배상 권리자는 기껏해야 계약이 깨지지 않았더라면 있었을 이득이나, 계약을 체결하지 않았더라면 보지 않았을 손해의 회복을 얻을 수 있을 뿐이다.

이별 뒤에는 돌아보는 시간이 필요하다

헤어짐의 상처에 대해 이야기할 때 "결국 다 내 잘못이야"라고 자책하는 사람이 있는가 하면, "모든 게 그 사람 탓이야"라고 상대방의 허물만을 지적하는 사람도 있다. 그러나 연애하는 사이에서 온전히 한쪽만의 잘못으로 관계가 깨지는 경우는 흔치 않다(물론 폭행 및 폭언을 저지르는 등의 범죄행위로 나아가는 순간에는 누가 화를 유발했는지는 중요하지 않다. 무조건 폭행을 한 사람이 잘못이다). 따라서 헤어진 후에는 관계를 반추하는 과정이 중요하다. 그 시간을 돌아보는 것은 자연스러운 일이어서 헤어졌음을 알리는 지표로 SNS에 올렸던 함께 찍은 프로필 사진을 다른 사진으로 교체하고, 업로드했던 사진들 중에 상대방이 등장하거나 태그된 사진을 삭제하거나 비공개로 전환하고, 친구였던 연결을 끊는 등 다양한 흔적들을 지우는 시간을 가진다. 그러다보면 본의 아니게 추억여행이 시작된다. 괜히 헤어졌나 싶은 마음에 서러움이 밀려오기도 하고, 그 사람과 다시 사랑할 수 있을 것 같은 착각에 빠지기도 한다. 그러나 끝은 끝이다. 친구들을 만나서 "내가 개한테 얼마나 잘해줬는데 이럴 수가 있냐"고 하소연을 하거나, "더 잘해줄 것도 없어서 속이 후련하다"고 센 척을 해보기도 하고, "생각해보면 개만 한 사람이 없었는데 내가 그걸 너무 몰랐다"고 후회하기도 하며 지난 연애를 정리하고 이별의 과정을 마무리한다.

계약에서도 여러 이유로 계약이 유지될 수 없는 상황이 오면 지난 계약의 이행 과정에서 거래 상대방과 나의 계약이 어떤 방식으로 진행되었는지 되짚어본다. 그 과정에서 의외로 내가 손해를 덜 보고 진행되고 있었다는 사실을 알게 되기도 하고, 내가 잘못한 것들을 발견하게 되어 이 문제를 상대가 몰랐으면 하기도 한다. 반대로 생각보다 저쪽이 너무나 나쁘게 굴었다는 사실을 알게 되기도 하고, 세세히 기억하지 못했던 그간의 노력이 담긴 문서들을 발견하기도 한다.

계약을 해제하게 되면 누가 잘못했는지를 따져 잘못을 한 상대방에게 손해를 배상하라고 요구할 수 있다. 다만 법원을 통해 손해배상을 요구할 경우 법원은 청구한 사람에게는 잘못이 없는지도 따져 손해배상 액수를 감액하기도 하고(이를 '과실상계'라고 한다), 계약이 해제됨으로써 당사자에게 발생하는 이득이 있으면 손해배상을 청구한 금액에서 이득을 감액하기도 한다(이것은 '손익상계'라고 한다). 이러한 소송 과정에서 사람들은 다음에 다른 사람과 계약을 체결할 때 무엇을 조심해야 할지, 어떤 것들을 따져보아야 할지를 배운다. '다시는 이런 고단한 소송에 휘말리지 말아야지' '이번 건은 제대로 종결짓고 다음에는 성공적인 거래를 해야지'라고 생각하게 되는 것이다.

　연애관계를 끝내면서 물품구매계약이나 임대차계약 같은 거래처럼 상대방에게 돈으로 손해를 배상하라고 청구하는 일은 다소 기이하다. 상대방이 사회적으로 용인되지 않는 불법적인 일을 저질러 그에 대한 손해를 청구하는 것이 아니라면, 그저 관계가 깨진 데서 오는 마음의 상처를 돈으로 청구할 수는 없다. 다만 이별을 계기로 지난 관계에서 무엇을 얻고 무엇을 잃었는지 돌아봄으로써 다음 연애에서 조금 더 나은 내가 되기 위한 디딤돌로 삼을 수는 있을 것이다.

손해배상청구는 계약 상대방에게 하는 것이 원칙

모든 채권은 원칙적으로 나와 계약을 체결한 그 상대방에게만 요구할 수 있다. 계약한 사람과 의무이행을 받는 사람을 따로 지정하는 삼각 구도의 계약도 존재하지만 일반적으로는 계약 상대방에게 의무를 이행하고, 또 의무를 이행 받는다. 손해배상도 마찬가지로 나에게 손해를 끼친 바로 그 사람에게 피해 회복을 요구하는 것이 원칙이다. 피해를 본 본인이 청구해야 하고(가족이 위자료를 청구하거나 청구권을 승계받는 특별한 경우도 있지만 그것은 일단 논외로 한다), 피해를 가한 가해자에게 청구해야 하는 것이다.

마찬가지로 가해자는 피해를 입은 그 사람에게 사과하고 피해 회복을 위한 노력을 해야 한다. 가끔 유명 인사들이 특정 개인에게 피해를 입혀놓고도 그 사람에게 사과나 피해 회복을 위한 배상을 하는 것이 아니라 언론 앞에서 기자회견을 하고 대중에게 물의를 일으켜 죄송하다고 사과하는 경우가 있는데 이는 선후가 잘못된 사과의 대표적인 예이다.

그런데 연애관계는 이별의 상처를 이미 이별한 연인에게 위로해달라고 할 수가 없다. 그러다보니 우리는 끊임없이 혼자 후회하고 자책하면서 스스로에게 또 한번 상처를 주거나, 친구들에게 전 연인에 대한 하소연을 하면서 공감을 얻는 방식으로 위로를 받곤 한다. 때로는 그 상처의 흔적들, 곪아 있는 구석을 어루만지고 싶어하는 다음 연애 상대방에게 마치 그 사람이 상처를 준 가해자인 양 내 상처를 네가 헤아리라고 종용하는 오류를 범하기도 한다. 전 연인이 바람을 피워서 환승 이별을 당한 경우에 새로 만나는 연애 상대의 일거수일투족에 집착하거나 그를 신뢰하지 못하는 것처럼 말이다. 그러나 지금의 연인은 나에게 상처를 줬던 전 연인이 아니라는 것을 잊지 말아야 한다. 내가 불안을 느끼는 부분에 대해서 상대방이 더 신뢰를 주기 위해 노력한다면 고마운 일이지만 사실 불안에 떠는 것은 나의 문제다.

연애를 하면서 잘못했던 행동에 대한 손해배상을 내가 잘못을 한 상대방이 아닌 다음 연인에게 하게 되는 경우도 있다. 그래서 우리가 어부지리로 새로운 연인과 좀더 성숙한 연애를 하게 되는 것이다. 손해를 배상해야 할 전 연인에게 잘해줄 수가 없으니 그다음 사람에게라도 좋은 연인이 되기 위해 노력하기 때문이다.

7

사랑을 사람으로
잊을 수 있을까

　이별한 사람과의 시간들은 이별 후 한참이 지나서야 비로소 추억할 수 있게 된다. 이를 알기에 우리는 실연에 고통받는 친구들에게 으레 "시간이 지나면 괜찮아질 거야"라고 위로의 말을 건넨다. "사람은 사람으로 잊어야지"라고 말하며 새로운 사람을 소개해주기도 하고, 친구가 되새김질하는 연애담을 지겹도록 들어주기도 한다. 이전 사람만큼 마음에 드는 사람은 아니어도 일단 연애를 다시 시작해보라고 조언하기도 하고, 같은 패턴으로 이별을 맞는 친구라면 일정 기간 연애를 쉬면서 스스로를 돌아보라고 권하기도 한다.

　지난 연애의 실패를 극복하기 위한 적당한 연애를 소위 '리바운드 연애'라고 부르기도 하는데, 리바운드 연애로는 실연당한 상처를 어느 정도 어루만질 수는 있어도 연애 상대방에 대해서도, 나 스스로에 대해서도 솔직하거나 개운한 연애는 아니었던 것 같다.

마음이 그 정도로 움직이지 않았는데도 나를 좋아해준다는 이유로 누군가를 만나면, 실연의 상처로 바닥까지 떨어진 자존감을 회복하는 데에는 분명 도움이 되지만, 마음 한편이 무겁고 왠지 모를 죄책감이 엄습하기도 한다.

　나의 경우 정말 사람이 사람으로 잊혔는가를 반문해보면, 그저 좋은 사람이었던 어떤 사람은 '사람'으로 잊혔던 것도 같지만, '사랑'했던 사람, 내 마음을 미친듯이 흔들어놓고 바닥까지 주저앉게 만든 사람에 대한 마음을 극복하는 데는 그 정도로 또다시 내 마음을 흔드는 '사랑'이어야 했다. 사람은 사람으로 잊어도, 사랑은 사랑이 아니면 극복할 수 없다. 새로운 사람을 만나도 끊임없이 과거의 사람과 비교하게 되고 여전히 그 사람이 그립다면 새로운 사람은 나의 사랑이 아닌 것이다. 나는 그런 기준을 가지고 있다.

3부

—

이것은 연애가 아니다

원나잇의 원칙
낯선 사람과의 설렘을 제대로 즐기기 위한 조건들

"아름다움을 바라지 않을 것. 사랑하지 말 것. 내일을 기대하지 말 것."

"오, 제법 로맨틱한데?"

"할까 말까 고민이 될 때는 하지 말라는 말도 있지만, '무섭다'는 생각보다 '하고 싶다'는 생각이 앞선다면 어쩔 수 없지."

삶이 심심하고 외로워 죽겠다는 D와 이태원의 어느 어둑한 라운지 바에 갔던 날이었다. 테이블에 팔을 기댄 채 담배를 피우던 D는 어떤 사람과 사라졌다. 낯선 사람과 하룻밤을 같이 보내는 원 나이트 스탠드, 속칭 원나잇을 해본 친구들 중 그 경험을 '좋았다'고 기억하는 친구는 많지 않았다. 그저 그날 마음이 달떠서 낯선 사람이 주는 설렘에 이끌렸을 뿐, 아침이 되면 허무하기 짝이 없었다고 했다. 그렇지만 낯선 이가 주는 설렘, 성적인 이끌림, 흥분 상태, 기대감 같은 것들이 주는 쾌감이 때로 허무함에 대한 기억을 희석해버릴 때 누군가의 손을 잡고 다른 공간으로 가게 된다고 했다. D는 어디로 갔을까, 같이 간 사람은 안전한 사람일까, 내일 아침에 무사한지 연락해봐야겠다고 생각하며 바를 나서는데 D에게서 전화가 왔다. 같이 나간 사람이 밝은 데서 보니 영 별로라 그냥 혼자 택시 타고 집으로 가는 중이라고 했다. 나도 모르게 안도의 한숨이 나왔다.

원나잇의 특수성

실토하자면 클럽에 처음 가본 것은 로스쿨 3학년 때였다. 학부 시절에는 도대체가 주변에 클럽을 가본 사람이 아무도 없어서 친구들끼리 클럽에 한번 가보자고 말만 하다가 4년을 흘려보냈다. 로스쿨에 입학하고 나니 내 인생은 더욱 팍팍해졌다. 주말 이틀을 쉬어버리면 수업 진도를 따라잡을 수가 없었고, 수업을 소화하기 위해서는 매일 아침 9시부터 밤 11시까지 예습 복습을 해야 했다. 어쩌다 하루 술 마시고 놀면 그 하루를 만회하기 위해 일주일은 좀더 타이트하게 움직여야만 했다. 그렇게 3학년이 되고 보니 공부로 너무 지쳤는데 해소할 방법은 딱히 없고, 뭔가 새로운 경험을 해보고 싶은 참이었다. 로스쿨 3학년 때라고 해도 벌써 스물여덟 살이었다. 당시 만나던 연인의 허락을 받고(무려 허락을 맡기까지 했다) 그나마 몇번 가봤다는 친구를 따라 처음 라운지 바에 갔다. 그때는 모든 것이 마냥 신기했다. 그러나 그게 다였다. 낯선 사람이 나에게 말을 거는 것이 너무 부담스럽고 나도 모르게 경계심이 들었다. 그때 깨달았다. 내가 여태까지 클럽을 가보지 못한 이유가 낯선 이들과 춤추고 노는 것보다 내가 좋아하는 친한 사람들과 술집에 둘러앉아서 밤새 술 마시며 도란도란 수다 떠는 것을 더 좋아하기 때문이라는 것을.

밤나들이에 재미를 붙인 것은 좀더 이후의 일이다. 변호사가 되고 첫 직장에 들어가자마자 밤낮없이 일을 했다. 아침 첫차를 타고 퇴근해 집에 가서 잠깐 눈을 붙이고 점심 때 출근해 다시 다음 날 아침 첫차로 퇴근하는 일상이었다. 진지하고 무거운 일에 임하다보니 일 자체가 생활이 되었고, 노는 것이 무엇인지 쉬는 것이 무엇인지 잠시 잊어버렸던 것 같다. 초·중·고등학교, 대학교, 로스쿨까지 거의 집과 학

교만을 오가며 살았던 내 인생에 다른 재밋거리를 던져주고
싶었다. 첫 직장에서의 프로젝트를 마무리하고 현재의 로펌
으로 이직했을 즈음에 춤추는 것에 재미를 붙인 친구가 이
태원 밤나들이를 주도했다. 2년 만의 일이었다. 그런데 서른
이 되고 가보니 이것 참 신세계였다. "뭐야, 나 이렇게 재밌
는 것도 안 하고, 여태 뭐 하고 살았어? 억울해!" 물론 그 신
남의 기간이 그리 오래 지속되지는 않았다. 역시나 나는 조
용한 데서 친한 사람들과 술을 마시는 것을 더 좋아하는 모
양이었다.

　나는 '원나잇은 하지 않는다'라는 나름의 원칙을 가지고
있다. 특별히 도덕적인 이유 때문은 아니고, 그저 나와 인간
적인 관계를 맺게 될 가능성이 낮은 사람과 은밀한 시간을
보내고 싶지 않아서이다(바에서 오늘도 내일도 만나고 싶을 정도로
혹하는 사람을 아직 마주치지 못해서 그런 생각을 하는 것일지도 모르겠
다). 그렇지만 나를 다른 공간으로 데려가기 위해 매력을 어
필하는 상대방과 대화를 나누는 것은 좋아한다. 마치 하룻
밤을 보낼 것처럼 낯선 이와 이야기를 나누는 것에 나도 나
름의 재미를 느끼게 되었다. 특히 어느 대학을 나왔고, 무엇
을 전공했으며, 어떤 일을 하는 사람이라는 소위 '계급장'
떼고서 서로를 모르는 상태로 이야기를 나누는 것이 재미

있었다. 우리는 평소에 그저 직업인으로 산다. 무성적 존재로서 스스로를 숨기고 덤덤하게 살아간다. 그러다가 연인을 만나면 성적인 존재로서의 얼굴을 드러낸다. 낯선 이들이 매력을 주고받는 공간에 오면 사람들은 마치 연인을 만났을 때처럼 새로운 얼굴을 드러낸다.

연애가 장기적인 관계를 의미한다면 원나잇은 말 그대로 하룻밤의 관계다. 계약으로 치면 연애는 계속적 계약관계에 해당하고 원나잇은 일시적 계약관계에 해당한다고 볼 수 있다. 일시적 계약이란 시간의 계속성을 갖지 않는, 즉 특정 시점에 집중적으로 의무를 이행하고, 서로 목적한 의무를 다하면 그대로 종료되는 계약을 말한다.

이처럼 원나잇은 하룻밤이라는 시간 동안 서로에게 일정한 행위를 제공하기로 하는 약정이다. 누군가에게는 하룻밤의 열정을 불태우는 일일 수도 있고, 누군가에게는 다음 날 아침을 같이 먹는다거나 아니면 다른 날 밖에서 데이트를 하면서 연애의 시작을 여는 문이 되기도 한다. 클럽에서 '놀다가' 만난 상대방과 보내는 밤일 수도 있고, 모임에서 만난 사람과 왠지 '통해서' 보내는 밤일 수도 있고, 서로 연애할 상황이 아닌 것은 맞지만 마음에 들어서 함께하는 밤일 수도 있고, 연애에서 제일 중요한 요소가 '속궁합'이라고 생각하는 두 사람이 일단 연애를 시작하기에 앞서 테스트해보고 싶어서 함께하는 밤일 수도 있다.

그렇지만 적어도 '내일을 기대하지 않는 관계'라는 점에서, '오늘 우리가 함께 잔다고 해서 그것이 연인관계로 이어지는 징표는 아니'라고 합의하는 관계라는 점에서 연애 세계에서 원나잇은 분명 독특한 위치를 점하고 있다. 또한 인간관계를 맺는 것이 아니라 그저 성관계를 맺기로 하는 약정이라는 점도 특이하다. 이 점에 합의하지 않고 일방이 '오늘 나한테 완전 넘어오게 해야지'라는 기대로 관계에 임한다면 기대와 달리 넘어오지 않는 상대방의 쿨한 태도에 지나치게 상처받게 될지도 모른다(그런 걸 원한다면 차라리 '나는 연인이 아닌 사람하고는 안 자'라고 말하고 베팅을 하는 게 나을 것이다).

연인이 아닌 사이에서의 성관계는 상호 지속적으로 소통을 이어나가리라는 확신이 없는 관계라는 점에서 달콤한 한여름 밤의 꿈처럼 지나가버릴 수도 있고, 기대와 달리 삐걱거리는 느낌일 수도 있고, 후회와 허무함만 남는 아침을 예정한 일일 수도 있다. 한편으로는 각종 범죄나 성병 등 위험한 상황에 무방비로 노출되는 일이기도 하다. 그렇기 때문에 원나잇은 비단 여자뿐만 아니라 남자도 조심할 필요가 있고, 나름의 원칙을 세워 안전망을 갖춰야 한다(사실 몇가지를 제외하면 연인과의 섹스에도 적용되어야 할 원칙이라고 생각한다).

달콤하고 안전한 원나잇을 위한 체크리스트

무엇보다 원나잇을 하기로 하는 의사 합치도 어쨌거나 둘 사이의 약속이므로 적어도 다음 날 내가 그 결정을 했었는지는 기억할 수 있을 정도일 때 이루어져야 한다. 지나치게 술에 취해 기분에 휩쓸려서 위험을 감수하는 결정을 해서는 안 된다. 자신이 내린 결정의 의미를 충분히 이해하고 향후 책임질 수 있는 상태에서 의사표시를 해야 한다. 만일 상대방이 너무 취해서 이 결정을 다음 날 기억하지 못할 것 같으면, 그 사람과의 관계는 합의된 관계가 아니라고 봐도 무방하다. 의사능력이 없는 사람의 의사표시는 유효하지 않기 때문에 백번을 물어봐서 그/그녀가 좋다고 말했어도 그것은 의사표시가 아니라 그저 소리에 불과하다. 아침에 일어나 "넌 누구냐"고 묻는 그의 당황스러워하는 얼굴을 보거나, 합의하에 격렬한 밤을 보내놓고도 "당신 나한테 무슨 짓을 한 것이냐"고 추궁할 그녀의 얼굴을 마주하고 싶지 않다면, 더 나아가 준간강죄로 고소당하고 싶지 않다면, 지나치게 취한 사람과의 원나잇은 절대 하지 말아야 한다.

CCTV가 있을 만한 거리를 통과해 걷고, 편의점에 들러

콘돔을 사고, 신용카드로 물이라도 계산하는 것이 좋다. 함께 묵기로 한 장소에 도착해서는 친구에게 안부 전화를 하거나 문자 메시지를 보내는 등 발신기록을 남기는 것도 괜찮은 방법이다. 이는 둘이 함께 있었던 마지막 장소가 어디였는지, 같이 있었던 사람의 인상착의는 어땠는지를 확인할 수 있는 증거를 남기는 최소한의 대처가 된다.

묵을 곳은 두 사람 다 처음 가보는 장소를 선택하는 것을 추천한다. 두 사람의 개인적 공간을 상대방에게 노출하는 것은 오히려 신뢰를 확보하기 어렵다고 본다. 여성이 남성의 집에 가게 된다면 그의 집에 몰래카메라가 설치되어 있을지 모를 막연한 공포를 감당해야 하고, 본인 집에 초대하게 된다면 향후에 그가 나쁜 마음을 먹고 찾아오는 상황을 방지하기 어렵기 때문이다. 남성도 마찬가지다. 여성이 갑자기 스토커로 돌변하거나 새벽녘 방에 있는 물건을 훔쳐 달아날지도 모르는 일 아닌가.

폭력으로부터도 안전을 확보해야 한다. 합의되지 않은 범위의 모든 신체적 접촉과 유형력有形力의 행사는 폭력이다. 성폭력일 수도 있고 실제로 폭행, 상해 등 신체의 완전성을 침해하는 행위일 수도 있다. 방은 둘만 존재하는 공간이기 때문에 위험한 상황에서 무방비 상태에 놓이게 된다. 완전

이상한 사람은 아닐 것이라는 나름의 판단하에, 혹은 약간 이상하지만 한번 정도 경험해보고 싶은 상대여서 위험을 감수했다 하더라도 상식 이상의 공격을 받아서는 안 된다.

스킨십과 관련된 합의는 무엇보다도 중요하다. 다이내믹함을 즐길 수야 있겠지만 적어도 성관계의 거친 정도에 대해서는 어느 정도 합의가 되어야 한다. 예컨대 여자는 약간의 전희와 적당히 격렬한 관계를 기대했는데 남자는 원나잇이라는 이름하에 온갖 욕설과 이상한 체위와 손찌검을 한다거나 이상한 약을 먹인다면 이는 합의가 아니다. 합의가 되었다고 착각하는 순간 남자는 성폭행범이 될 수 있다. 스스로 생각하기에 선을 넘는 행동이라는 판단이 들면 사전에 물어봐야 한다. 예를 들어 "이렇게 하는 거 괜찮아?"라고 말이다.

성폭행의 핵심은 상대방의 의사에 반해 성적 행위를 가했는지 여부이다. 상대방이 나를 배려하지 않고 자기만 좋은 이기적인 섹스를 해서 불쾌한 감정이 들었다면 그저 매너없는 섹스, 나쁜 데이트에 불과하다. 거절의 의사표시를 했는데도 이를 무시하고 행위에 나아갔거나, 아예 거절의 의사표시조차 할 수 없게끔 폭력이나 협박, 위계관계를 이용한 위력의 행사 등을 사용한 경우여야 형사처벌의 대상이 되는 성폭행이 성립된다.

원나잇은 위계관계가 아니므로 서로의 의사를 자유롭게 표현할 수 있어야 한다. 상대방의 비위를 맞추기 위한 가짜 신음소리를 낼 필요 없이 이왕 하기로 한 원나잇이니만큼 충분히 원하는 것을 표현하고, 애초에 함께 바를 걸어나왔을 때의 설렘과 떨림을 충족할 만한 만족스러운 섹스를 하면 좋을 것 같다. 서로 괜찮은지 의사를 묻지도 않고, 원하는 것을 표현하지도 않은 채 일련의 행위가 마무리된 뒤에 한쪽만 만족한 섹스로 끝나버리면 귀중한 하룻밤이 너무 아쉽고 허무하게 지나가버릴 테니 말이다.

성폭력 사건에서 무고 사건이 없다고 할 수는 없지만, 매너 있는 행동을 한 남자에 대해 갑자기 성폭력을 당했다며 고소를 하는 여성은 그리 흔치 않다. 남성들이 무고라고 주장하는 사례를 잘 살펴보면, 대개 여성이 기대한 것보다 폭력적인 성관계를 경험한 경우가 많다. 당시에는 불편하고 기분이 나빴지만 분위기가 험악해질 것이 두려워 제대로 저항하지 못한 여성이 추후 남성을 고소하는 경우들이다. 법원에서는 아직 저항이 불가능할 정도의 폭행이나 협박이 있었는지 여부를 기준으로 강간의 유무죄를 판단하고 있기 때문에 기소가 되지 않거나 무죄를 받는 경우가 왕왕 생겨나지만, 이런 상황에서는 무죄를 받은 남성이 그를 강간죄로 고소한 여성을 무고로 역고소하더라도 무고죄 역시 잘 인정되지 않는다.

요즘 법원은 강간죄가 성립하기 위한 가해자의 폭행·협박이 있었는지 여부와 관련해서 그 폭행·협박의 내용과 정도는 물론 유형력을 행사하게 된 경위, 피해자와의 관계, 성교 당시와 그후의 정황 등 모든 사정을 종합해 피해자가 성교 당시 처했던 구체적인 상황을 기준으로 판단해야 한다고 보고 있다. 사후적으로 보아 피해자가 성교 이전에 범행 현장을 벗어날 기회가 있었다거나, 피해자가 사력을 다해 반항하지 않았다는 사정만으로 가해자의 폭행·협박이 피해자의 항거를 현저히 곤란하게 할 정도에 이르지 않았다고 섣불리 단정해서는 안 된다고도 본다.

최근 대법원은 성폭행이나 성희롱 사건에 대해서 검토할 때 그 사건이 발생한 맥락에서 성차별 문제를 이해하고 양성평등을 실현하기 위해 '성인지性認知 감수성'을 잃지 않도록 유의해야 한다는 입장을 취하고 있다. 우리 사회에 만연한 가해자 중심의 문화와 인식, 구조 등으로 인해 성폭행이나 성희롱 피해자가 피해 사실을 알리고 문제 삼는 과정에서 오히려 피해자가 부정적인 여론이나 불공정한 처우 및 신분 노출 등 2차 피해를 입어왔던 점 등에 비추어보면, 성폭행 피해자의 대처 양상은 피해자의 성정이나 가해자와의 관계 및 구체적인 상황에 따라 다르게 나타날 수밖에 없다. 그렇기 때문에 개별적, 구체적인 사건에서 성폭행 등의 피해자가 처해 있는 특별한 사정을 충분히 고려하지 않은 채 피해자의 진술에 일관성이 없다는 이유로 신빙성이 의심된다고 판단하는 것은 잘못되었다고 보는 것이다. 대법원의 판결은 1심, 2심 법원의 판결 기준이 된다. 성폭력과 관련한 개개의 판결들이 때로 흡족하지 않은 관점을 보일 수는 있지만, 적어도 3심인 대법원에서 '성인지 감수성'을 이야기하고 있기 때문에 차차 1심, 2심 법원의 판결도 피해자에게 덜 가혹한 방향으로 변화해갈 것이다.

원나잇을 할 때는 성병으로부터의 안전도 당연히 확보되어야 한다. 과거 연애 경험이 있는 경우가 더 흔하기 때문에 요즘 연인 사이에는 서로의 산부인과 검사 결과, 비뇨기과 검사 결과를 적당한 선에서 공유하기도 한다. 그런데 심지어 연인도 아닌 원나잇 상대라면 그가 어떤 사람들과 얼마나 위험한 관계를 맺어왔을지 알 수가 없다. 콘돔을 회피하는 남성과는 결코 원나잇이건 연인 사이건 관계를 하지 말라고 조언하는 게 일반적이다. 남자 역시 마찬가지로 콘돔을 끼기도 전에 여자가 상황을 전개하려 한다면 안 된다고 말할 수 있어야 한다. 피임은 비단 임신의 가능성 때문에 하는 것만은 아니다. 성병의 위험을 피하기 위해서이기도 하다. 때로 '느낌' 운운하며 콘돔 사용을 거부하는 남자들에게 물어보고 싶을 때가 있다. "넌 여자를 뭘 믿고 콘돔을 안 쓰니?" 여자 못지않게 남자들도 자기 몸을 지켜야 한다.

마지막으로 원나잇은 하룻밤이지만, 다음 날 아침 혹은 그날 새벽, 목적한 행위가 마무리된 다음의 매너가 계약의 성패를 좌우한다. 서로 마음까지는 나누지 않았더라도 적어도 일정 시간을 함께 보낸 사람에 대한 예의를 갖출 필요가 있다. 상대방이 모멸감을 느끼지 않도록 주의해야 한다. 아무리 쿨하려고 해도 심리적으로 취약해진 상태일 것이기 때문이다. 새벽에 먼저 일어나 방을 나설 것이라면 상대방에게 제대로 인사를 하고 가야 한다. 함께 아침을 맞았다면 각자가 원하는 방식으로 이별할 기회를 제공해야 한다. 혹시나 다음에 다시 만나고 싶다면 제대로 의사표현을 해야 하고, 원래 목적대로 하룻밤으로 마무리지을 것이라면 상대방이 눈치 챌 수 있을 정도로는 의사표현을 해야 한다. 강렬한 끌림으로 위험을 무릅썼던 서로에게 아무 일도 없었음을, 하룻밤 동안 서로에게 신뢰할 만한 파트너였음을 치하하고 이별하는 것도 좋다고 생각한다.

　세상이 아무리 성적으로 개방되고 그 무게가 가벼워졌다 하더라도 시간과 에너지를 할애해준 상대방에 대한 기본적 예의는 지켜져야 한다. 그래야 뒤끝이 없고, 뒤끝이 없어야 성공적인 원나잇이 아닐까.

주먹을 쓰는 것도,
크게 말하는 것도 연습이다

세상이 흉흉해지면서 여성들을 위한 각종 호신용품의 판매 또한 늘어나고 있다. 그러나 호신용품을 들고 다니는 것만으로는 나를 보호하지 못한다. 그 물건을 실제로 사용하기 위해 갖춰야 할 더 중요한 것이 있다. 위기 상황을 만나면 가방에 들어 있는 호신용품을 꺼내겠다는 생각, 그 생각을 행동으로 옮길 수 있는 민첩성, 정 안 되면 가해자의 급소를 발로 차버리겠다는 용기까지 준비되었을 때 그제야 호신용품을 사용하는 사람이 될 수 있다. 가끔 영화나 드라마를 보면 위기에 처한 여성이 기지를 발휘해 하이힐로 괴한의 발을 찍어밟는다든지, 급소를 발로 차거나 이로 상대의 팔을 물어뜯는 장면 같은 것들이 나오는데, 그러한 행동을 하기는 생각보다 쉽지 않다.

남성들은 어릴 때부터 남자는 싸우면서 크는 것이라면서 주먹다짐을 용인받고, 여러 스포츠를 통해 몸싸움을 익히는 등 유형력을 가하는 경험을 해본 일이 적잖다. 군대에 가서는 아예 총기 사용법을 배우고 실제로 쏴보기도 한다. 이에 반해 여성들은 어릴 때부터 여자는 조신해야 한다며 신체 활동을 제한하는 경우가 많아 실제로 사람을 때려본 경험이 거의 없다.

처음 권투를 배웠을 때 샌드백을 힘껏 치는 연습은 속이 시원해지는, 통쾌한 경험이었다. 그런데 막상 스파링을 하려고 보니 방어훈련이라는 것을 알고 있는데도 불구하고 사람을 때리는 행위에 대한 심리적 장벽이 너무나 컸다. 보호대를 착용한 상대방이 괜찮으니 어서 자기에게 주먹을 날리라고 말하는데도 쉽게 손이 나가지 않았다. 용기를 내서 겨우 얼굴을 한대 치고 났을 때 느낀 그 감각, 심리적 동요는 정말 인상적이었다. 지금은 아마 발길질은 못해도 주먹질은 할 수 있을지도 모르겠다. 보호대를 하지 않은 사람의 얼굴에 주먹을 날릴 수 있을지 여전히 미지수지만 말이다(내 주먹이 너무 세기 때문에 상대가 다칠까봐 못하는 것도 있다).

큰 소리를 내는 것도 마찬가지다. 평소에는 일정 데시벨 이상으로 소리를 크게 낼 일이 별로 없기 때문에 막상 위기 상황에서 살려달라고 소리를 지르기가 쉽지 않다. 스스로의 장벽을 깨는 일이 그렇게나 어렵다. 나는 새벽에 집 근처에서 괴한을 만난 적이 있는데, 뒤에서 나를 끌어안는 그 사람을 밀쳐내는 순간에 힘으로는 안 되겠다는 것을 직감했다. 차선책은 소리를 지르는 것이었고, 양옆에 빌라가 있으니 누구라도 나오겠지 하는 마음으로 있는 힘껏 소리를 질렀다. 내가 생각해도 너무나 큰 소리여서 골목 너머 경찰서까지 들릴 것만 같았고, 내 소리에 놀란 괴한은 도망쳤다(내가 계단 위쪽에 서 있었기 때문에 기회가 닿으면 괴한을 발로 걷어차 계단 아래로 굴려 떨어뜨려버리겠다는 생각도 했다). 대학 시절 연극 동아리에서 공연을 준비하면서 발성 연습을 하고, 소리를 질러보지 않았더라면 그렇게 큰 소리를 낼 수 없었을 것 같다. 그나마 학부 생활의 즐거움이 나를 구한 셈이다. 반전은 그 골목에서 아무도 나를 구하러 나오지 않았다는 것이지만.

평소에는 자기주장을 못하더라도 적어도 소리 질러보기, 뭐라도 던져보기, 신체 에너지를 모아서 밀쳐내기 등의 행동을 한번은 해볼 것을 권한다. 머릿속으로 아무리 시뮬레이션을 해봐도 실제로 해보지 않으면 막상 그 상황에 닥쳤을 때 쉽게 나오지 않기 때문이다.

데이트폭력

더이상 개인의 사생활 문제가 아니다

"변호사한테 연애 관련해서 묻는다면 뭐가 궁금해요?"

"데이트폭력요. 얼마 전에 손님 한분도 오랜만에 오셨는데 알고 보니 남자친구한테 맞아서 한동안 병원에 있었다고 하더라고요."

오랜만에 들른 미용실에서 헤어디자이너 N으로부터 어떤 손님과 그의 남자친구에 대한 이야기를 들었다. 불같이 연애를 시작한 그들은 함께 살게 되었는데, 남자친구는 사사건건 여자친구가 만나는 사람들을 저평가했고, 여자친구가 외출을 하면 한시간에 한번씩 전화를 해댔다고 한다. 여자친구가 전화를 빨리 받지 않으면 그날 밤에는 어김없이 남자의 손이 올라갔다. 결국 여자는 온몸에 멍이 든 채로 병원에 실려갔지만, 꽃다발을 들고 와 무릎 꿇고 사랑한다고 비는 남자를 용서하고 다시 집으로 돌아갔다. N은 이 이야기를 하며 마치 자신의 일인 양 고통스러워했다. 왜 그 사람에게 다시 돌아가는지 이해할 수가 없다면서, 그 남자는 집이 아니라 감옥에 가야 하는 것 아니냐면서. 그리고 한마디를 덧붙였다. "그런데 그런 손님 은근히 많아요."

'맞을 짓'이란 없다

데이트폭력은 때리는 것, 물건을 던지는 것, 감금하는 것, 협박하는 것, 무단으로 집에 쳐들어오는 것, 신체를 함부로 만지는 것, 강제로 성관계를 하는 것과 같은 온갖 범죄행위를 말한다. 단지 범죄의 가해자와 피해자가 연인 사이거나 적어도 '썸'을 타는 사이일 뿐이다. 데이트폭력에는 이런 눈에 보이는 폭력행위 말고도 상대방을 무시하고 자존감을 깎아내리는 말을 하는 언어 폭력, 상대방을 자기 기준에 맞추려고 하다가 어긋나면 과도하게 상대방을 비난하고 슬퍼하는 식으로 상대방을 조종하려고 하는 행동 통제(가스라이팅) 같은 정신적 학대도 포함된다.

거의 모든 범죄를 총망라하는 이 범죄군을 굳이 '데이트

폭력'이라고 부르는 이유가 매우 중요하다. 연인 사이에 벌어지는 일이니까 사생활이고, 그래서 둘 사이에 벌어진 일에 공권력이 개입해서는 안 된다는 시각에 맞서, 연인 사이에도 신체적 공격은 분명 '폭력'이라는 것을 명확하게 하기 위해서이다. 폭력을 정당화할 수 있는 관계라는 것이 성립할 수 없음에도 아직 상당수의 사람들이 "둘이 무슨 사이냐?"고 묻고, 애인, 부부, 부모 자식 사이라고 하면 개인 사생활이나 가정사로 치부해 침해해서는 안 되는 영역처럼 생각하곤 한다.

데이트폭력은 해마다 증가하는 추세다. 경찰청에 따르면 2014년 6675건, 2015년 7692건, 2016년 8367건, 2017년 1만 303건이었다고 한다. 2018년에는 8월 기준 상반기에만 6862건이었다. 데이트폭력은 강도가 천차만별이라 피해자가 모든 경우를 다 신고를 하지는 않는다는 특징이 있다. 게다가 폭언이나 행동 통제와 같은 무형적인 가해행위에 대해서는 신고를 해도 처벌할 수 있는 법이 거의 없으므로 제외된다고 보면, 결코 적지 않은 숫자의 연인들 사이에서 데이트폭력이 일어난다고 볼 수 있다.

우리 법체계는 정당방위와 같은 매우 예외적인 경우를 제외하면, 신체나 정신에 가해지는 모든 폭력행위들을 '죄'로 보고 그에 맞는 처벌을 정하고 있다. 피해자와 가해자의 관계가 무엇이 되었든 그렇다. 원칙적으로 가해자의 위력행사를 피해자가 승낙한 것이 아니라면, 그리고 만일 승낙을 했더라도 피해자가 예상한 정도의 위력을 넘어서는 과도한 힘을 가했다면 이에 대해 처벌하게 되어 있다. 심지어 공권력도 적법한 절차에 따르지 않거나 정해진 강도 이상으로 힘을 행사하면 위법한 공무집행이 되고, 그로 인해 국민이 피해를 입었으면 국가는 손해배상을 해야 한다. 무제한으로 휘두를 수 있는 힘이란 결코 존재하지 않으며, 개인의 사적인 복수도 허용되지 않는다.

그러므로 바람을 피웠다고, 자기 말을 무시한다고, 헤어지자고 했다고, 기분 나쁜 말을 했다고 등등 온갖 이유를 가져다 대더라도 연인 사이에 폭력을 행사하는 일은 범죄에 해당한다. 연인 사이라는 점이 폭력을 정당화하는 이유로 사용될 수 없다. 어떤 이유로든 맞아도 되는 사람은 없으며, 어느 누구도 타인을 때릴 권리를 가질 수 없다. 화가 난다고 물건을 집어던지거나, 상대방에게 욕설과 폭언을 하거나, 심지어 때리려고 손이 올라간다면 그 사람과는 곧바로 연애관계를 그만두어야 한다. 폭력적 성향을 보이는 사람이 여성이건 남성이건 상관없다. 헤어져야 한다. 당신의 안전을 위해서다.

의외로 연인으로부터 손찌검 내지 생활 통제(귀가 시간과 같은 일상생활을 통제하고 이를 지키지 않을 경우 폭행 내지 폭언 등 보복을 하는 일)를 당하는 사람이 많다. 그런 상황에서도 폭력을 당한 사람은 여러 이유를 가져다 대며 상대방의 자신에 대한 폭력행위를 정당화하고 '사랑의 형태'인 것처럼 합리화하며 그 상태를 견뎌낸다.

폭력을 저지른 상대는 폭력행위 이후에 다시없을 만큼 비굴한 자세로 앞으로 그러지 않겠다고 빌거나, 헤어질 생각하면 더 큰 폭력으로 응수하겠다며 위협하거나, 네가 잘못해서 그런 것이고 잘못하지 않으면 된다고 피해자를 세뇌하거나 하는 식으로 다양하게 피해자를 옭아매려 한다. 폭력을 당하는 피해자는 그래도 가해자를 사랑하기 때문에 그의 말을 믿고 싶고 그와 함께하고 싶은 마음에 폭력을 감내하며 스스로의 신체, 정신, 생명을 위험 상태로 내몬다.

그의 친구들이 "이러다 정말 큰일 난다. 헤어져"라며 걱정하지만 끊임없이 가해자를 변명하는 피해자에게 지쳐서 더는 그 친구를 만나고 싶지 않아하거나, "너 걔랑 안 헤어질 거면 맞은 것도 이야기하지 마"라고 배척하게 되어 차차 멀어져버리기도 한다. 피해자는 친구들이 연인을 욕하는 것도 듣기 싫고 말할수록 스스로의 치부만 더 드러나는 기분이라 점점 친구들을 멀리하게 되어 고립되고, 가해자는 자신과 헤어지라고 조언하는 피해자의 친구들을 헐뜯으며 피해자가 친구들을 만나지 못하도록 피해자의 행동을 통제한다.

드라마에나 나올 법한 이야기 아니냐고 생각할 수 있지만, 잘 생각해보면 다들 정도는 가벼울지언정 이런 상황에 놓인 친구가 한두명씩은 있을 것이다(나 자신이 바로 저 상황에 놓여 있을 수도 있다). 이런 사람들은 주변에서 경각심을 느끼고 아직 초기일 때 헤어지라고 조언해도 결코 믿지 않는다. 그러나 친구라면 그를 항상 예의주시하고 그가 고립되지 않도록 "혹시 정말 나쁜 상황이 오게 되면 부끄러워 말고 민망해 말고 나에게 알려달라"고 여성으로서 연대하겠다고 이야기해주는 것이 필요하다(당사자 역시 두려워도 친구나 가족에게 꼭 도움을 요청해야 한다).

데이트폭력으로부터 어떻게 안전을 확보할 수 있나

그렇다면 어떻게 데이트폭력을 저지를 가해자를 마음이 깊어지기 전에 알아챌 수 있을까? 사람이 갑자기 미친 것이 아니고서야 폭력적인 행위에는 항상 전조가 있다. 술에 취했을 때나 화가 났을 때 어떤 행동을 하는지, 여성이나 연애관계에 대한 전반적인 시각은 어떻고, 어떤 방식으로 표현하는지 등에 예민하게 집중해보면 이 사람이 어떤 방식으로 폭력성을 강화해나갈지 어느 정도 예측할 수 있다.

혹시라도 폭력적인 행동들이 보이면 잘못된 행동이라고 말해줄 수 있어야 하고, 그런 말을 할 수 있는 관계 역학이 존재해야 한다. 더불어 폭력적인 행동이 나를 향하게 된다면, 처음 이 일이 일어났을 때 즉각적으로 거부의사 표현 내지 경고를 해야 한다. 더 정확히는 얼른 위기를 감지하고 헤어져야 한다. 술에 취했으니 화가 났으니 그럴 수도 있다며 용인하는 순간 그 행동은 두 사람 사이에 '허용된' 것이 된다. 사소한 물건을 던지는 행동이 '그래도 되는 것'이 되면 어느 순간에 상대방은 당신을 향해 위험한 물건을 던지게 될 것이다.

연애의 목적은 행복하기 위해서이다. 폭력이 난무하는 관계에서 행복을 느낄 수는 없다. 서로 의지하고 함께 살아나가기 위한 연애라고 해도 마찬가지다. 서로가 서로에게 의지하는 연애를 통해 만족감을 얻기 위해 나는 최선을 다해 상대방의 필요를 채워주려 노력하는데, 상대방은 나를 감정적·육체적으로 착취하는 것에 불과하다면 이는 불행히도 연애라고 볼 수 없다. 상대방의 존재로 나의 불완전성을 해소하려는 시도 역시 될 수 있으면 지양하기 바란다. 지나친 의존은 나 자신을 잃게 하고 상대방에게 종속되게 한다.

한편으로는 상대방이 나를 동등한 사람으로 여기는지를 살펴야 한다. 나를 자신이 마음대로 할 수 있는 '소유물'로 여긴다든지 자신의 능력과 재력을 과시하기 위한 '트로피'로 여기는지를 가늠할 필요가 있다. 적어도 이 부분을 파악하다보면 잠재적 데이트폭력 가해자를 어느 정도는 거를 수 있다. 연인에 대한 폭력은 대개 상대방을 동등한 사람이 아니라 자신과 일체화되어야만 하는, 혹은 자신이 마음대로 할 수 있는 물건과도 같다고 여기는 사람들이 행하기 쉽기 때문이다. 계약을 체결할 때처럼 상대방에 대해 꼼꼼하게 살펴보고, 향후의 관계를 상상해보는 일은 비단 '안정적인' 연애를 위해서만이 아니라 '안전한' 연애를 위해서도 필요한 일이다.

무엇보다도 데이트폭력에 대항하는 데 있어 가장 중요한 요소는 저 사람이 나에게 욕이나 폭언을 하고 때린다면 곧바로 헤어지겠다는 단호한 태도를 갖는 것이다. 무엇보다도 '나는 소중하다' '누구도 나에게 폭언을 하거나 폭력을 행사해서는 안 된다'는 원칙을 마음에 새길 필요가 있다. 단 한번이라도 나에게 행한 상대방의 폭력을 결코 용서하지 말아야 한다.

이유가 무엇이건 폭력을 행사하는 사람이 잘못이다

착하고 예의바르게 행동해야 한다는 가르침을 강요받아온 사람들은 부당한 일(차별, 폭행, 성폭행 등을 포함한 각종 범죄 및 도덕적 가해행위 등)을 당했을 때, 가해자의 잘못을 지적하기보다 내가 더 조심했어야 한다며 자책을 하는 경우가 많다.

특히 자존심이 강한 사람의 경우 이 함정에 빠지기 쉬운데, 이런 유형의 사람들은 다른 사람 때문에 내가 이런 상황에 처했다는 사실을 도무지 받아들이지 못한다. 가해자의 잘못을 주장하는 순간 자신이 약자가 되는 상황을 인정할 수 없기 때문이다. 나는 그렇게 약한 존재가 아니며, 나의 실수나 주의 소홀로 인해 이런 일이 발생한 것에 불과하다고 생각해버리는 것이다. 그러나 원래는 착한 사람인데 내가 잘못해서 그 사람을 그렇게 만들었다는 식의 자책은 유효하지 않다.

드라마 「라이브」에서는 딸 오송이(고민시)가 자동차 안에서 남자친구에게 폭행당하는 것을 본 아버지 오양촌(배성우)이 딸의 남자친구에게 폭행을 가하는 장면이 나온다. 오송이는 자신을 때린 남자친구가 아니라 오히려 남자친구를 때린 아버지를 112에 신고하려고 전화를 건다. 상황 설명을 요구하는 아버지에게 딸은 자신이 먼저 사귀자고 했다가 마음이 변해서 헤어지자고 했기 때문에 마치 자신이 맞아도 싸다는 듯이 남자친구는 원래 착한 애라고 그를 두둔한다.

이후 딸은 화해의 제스처 격으로 빵을 사들고 아버지 직장으로 찾아가서도 그날 "혹시 몰라서 차문, 차 창문을 다 열어놓고 만약을 대비해서 휴대전화로 112에 신고할 준비도 해놓았다"고 항변했다. 게다가 "그곳은 외진 곳도 아니고 CCTV가 곳곳에 있었고, 우리집 아파트 주차장이었다면서 나는 충분히 조심했다"고 주장했다. 그러면서도 "내가 다른 사람이 생겼는데 그걸 남자친구가 봤기 때문에 그가 화가 난 것이라면서 여전히 그는 '착한 애'"라고 남자친구의 폭력을 해명했다. 그러나 이 이야기를 들은 오양촌이 말했다.

"범죄의 대부분이 범죄자가 악해서 벌어지는 게 아니라 욱해서! 순간적으로 벌어지는 거야! 그때 차 안에서 넌 분명히 싫다고 말로도 행동으로도 두번 세번 그놈한테 하지 말라고 경고했어. 그런데도 놈은 계속… (네가 싫다고 하는 행동을 했잖아). 그놈이 착하고 안 착하고는 아무 문제가 안돼. 이미 사리 분간 못할 만큼 욱한 게 문제라고 알아들어?

그놈이 이미 싫다, 안 된다고 하는 네 말을 서너번씩 무시했는데, 결국에 순순히 너를 보내줄 거라고 어떻게 장담해? 무슨 근거로? 네가 양다리 걸친 거, 그거 진짜 나쁜 짓이지만, 그렇다고 그놈이 네 허락 없이 네 몸에 손 대는 거 정당화될 수 없어. 이해받을 수도 없고. 그거 범죄야. 알아? 아빠가 주먹 쓴 거, 그거 잘했다는 이야기가 아니야. 하지만 너도 뭐가 옳고 뭐가 그른지 똑똑히 알어. 그 누구도 네 허락 없이 네가 싫다고 하면 절대! 절대 네 몸에 손가락 하나도 대서는 안 된다고! 알아?"

피해자가 자책을 하면 가해자도 피해자의 자기 탓에 편승해서는 '그러게 네가 조심했어야지'라고 안하무인으로 굴기 십상이다. 정말 재수 없는 상황이다. 그러나 부당한 일의 피해자가 되는 것은 내가 잘못해서 당해도 싼 게 아니라, 가해자가 우리 사회의 법적, 도덕적 규율을 파괴하는 무뢰한이기 때문이다. 그걸 인식하고 항상 말해야 한다. "이건 가해자가 잘못한 거야"라고 말이다.

이미 시작된 폭력은 어떻게 해야 하나

전조를 놓쳤다고 자책할 필요는 없다. 그럴 때는 괴로워하기보다 행동에 나서는 것이 중요하다. 이미 상대방의 폭력이 시작되었다면 빠르게 주변에 도움을 청해야 한다. 수치심 때문에, 언젠가는 그 사람이 너를 때릴 거라며 헤어지라던 친구들에게 말할 낯이 없어서 숨기면 숨길수록 더 위험할 수 있다. 가해자는 피해자가 고립되고, 말할 데가 없고, 가해자에게 의존할수록 피해자에게 더욱 잔인해진다.

도망가면 가해자가 찾아와 더 심하게 보복을 할까봐 무서워서 곧바로 헤어지자는 말을 하지 못하더라도 일단 증거는 모아야 한다. 당장에는 용기가 나지 않더라도 나중에 상대방을 처벌할 용기가 생겼을 때 무기가 있어야 하기 때문이다. 맞았다면 반드시 병원에 가서 치료를 받아 진료기록을 남기고, 맞은 부위는 사진을 찍어 친구들이나 자기 자신에게 이메일을 보내 저장해두어야 한다(휴대전화를 가해자에게 뺏겼을 때를 대비한 것이다). 자주 폭언을 듣는다면 통화나 대화를 녹음해 별도로 저장해두고, 일기와 같은 정기적인 기록을 만든다. 이 과정에서 용기가 생겼다면 변호사를 찾아가거나 관련 여성단체나 전문기관에 연락하고, 전문가들의 조언 아래 본격적으로 행동을 시작하면 된다. 비록 관련법 제정이 늦어지고 있기는 하지만, 요즘은 데이트폭력에 대한 경각심이 높아져 경찰 및 검찰에서도 데이트폭력범에 대한 제재 내지 구형 강화, 피해자 보호 정책 등을 내놓고 있다.

무엇보다 중요한 것은 가해자와 헤어지고 나에게 가한 폭력에 대해 처벌받게 하겠다는 피해자의 강한 의지다. 가혹한 말이지만 피해자 스스로가 의지를 가지지 못하면 누구도 제대로 도울 수가 없다.

한때는 사랑해서 온갖 폭력들을 감내하기를 반복하다가 점차 가혹해지는 가해자를 버텨낼 수 없는 상황, 가해자가 사적 공간이 아닌 공개된 장소에서 피해자를 공격하는 순간, 그제야 주변 사람들의 신고를 통해 가해자가 형사처벌되는 일을 간간이 본다. 부디 안전한 사랑을 하시기를, 스스로를 사랑하시기를.

연인간, 부부간에도
강간죄가 성립한다

2013년 성범죄와 관련해 굉장히 중요한 판결이 있었다. 결혼한 배우자를 상대로 강제적으로 맺은 성교 행위에 대해 강간죄가 성립하지 않는다고 보았던 1970년대 판결을 뒤집고 배우자에 대해서도 강간죄가 성립한다고 법원이 판단을 변경했다.

대법원은 판례를 변경하면서 "아내에 대한 성폭력은 매우 사적이고 은밀한 성격을 띠고 있어 잘 노출되지 않는 특성이 있는데다가 반복적이고 지속적인 양상을 보이기 때문에 이에 대한 적절한 대응조치가 취해지지 않으면 그에 따른 여성의 피해는 점차 심각해질 위험이 있다. 특히 우리나라의 특수한 경제적·문화적·사회적 요인으로 인해 피해자인 여성이 이혼을 결심하지 못한 채 자포자기의 심정으로 현실을 감내하는 선택을 할 수밖에 없는 경우도 있을 수 있다. 아내에 대한 성폭력이 가정 내부에서 자율적으로 해결되지 못하고 아내의 성적자기결정권이 심각하게 유린되는 상황이 지속되고 있음에도 국가가 부부 사이의 내밀한 성생활에 관한 문제라는 이유만으로 그 개입을 자제한다면, 헌법이 천명한 개인의 존엄과 양성의 평등에 기초한 혼인생활을 보장할 국가의 책무를 소홀히 하는 것이다. 특히 부부 사이에서도 양성의 평등과 성적자기결정권이 존중되어야 한다는 인식이 국민들의 보편적 법의식으로 자리잡게 된 오늘날에는, 혼인관계가 파탄에 이른 경우는 물론 혼인관계가 실질적으로 유지되고 있는 경우에도 남편의 성폭력이 아내의 성적자기결정권을 본질적으로 침해하는 정도에 이르렀다면, 국가가 이에 개입해 더이상의 피해를 방지하고 건강한 부부관계가 회복될 수 있도록 적절한 조치를 취해야 하며, 필요한 경우 국가형벌권의 행사도 고려하지 않을 수 없다"고 그 이유를 밝혔다.

그러니까 부부관계라는 매우 사적인 관계에서 벌어지는 성폭력에 대해서 국가는 더이상 '부부 사이 일은 끼어들지 않는다'는 안일한 태도에서 벗어나 그 가해자를 상대로 형사처벌까지 할 수 있도록 해야 한다는 판결을 내린 것이다 (강간죄를 실제로 인정하기까지는 매우 제한적인 여러 조건들이 붙는다). 아무리 부부간에 동거의무가 법적으로 정해져 있고 거기에 배우자와 성생활을 함께할 의무가 포함된다고 하더라도 폭행이나 협박에 의해서 강요된 성관계까지 배우자이기 때문에 감내해야 한다고는 볼 수 없다는 것이 법원의 판단이었다.

해당 대법원 판결이 나오기 전인 2012년에는 강간죄의 피해자가 여성이 아니어도 가해자를 처벌할 수 있도록 형법 제297조가 개정되었다. 2012년 개정되기 전까지 "폭행 또는 협박으로 부녀를 강간한 자"를 처벌한다고 정하고 있었는데, "폭행 또는 협박으로 사람을 강간한 자"를 처벌하도록 개정된 것이다.

어떤 사람의 행동을 판단하고 비판할 때는 통상적인 기준이 있다. 그런데 가해자와 피해자가 부부나 애인 사이라고 하면 판단이나 개입하기를 주저하곤 한다. '사생활에 대한 과도한 침해'가 아닐까 하는 우려 때문이다. 그러나 기준이라는 것은 분명히 존재한다. 폭력 또는 협박에 의한 것, 사회적 지위나 금전적 약점을 이용한 것 등 건전한 상식을 가진 사람이라면 해서는 안 될 수단을 이용해서 피해자에게 무언가를 얻어내고 있는 상황이라면 오히려 판단을 유보해서는 안 된다. 이런 상황에서 '피해자도 그럴 만한 행동을 했겠지'와 같은 양비론을 펴는 사람은 가해자 편이지 결코 공정한 사람이 아니다.

디지털 성범죄

은밀한 공간에서는 카메라를 든 당신의 연인을 경계하라

옷을 벗어야 하는 일이 있는 밀폐된 장소에 들어서면 본능적으로 주위를 살피게 된다. 이를테면 공중화장실, 탈의실, 모텔과 같은 매우 개인적인 공간들 말이다. 거울에 괜히 손을 짚어보기도 하고(가짜 거울이면 반사가 달리 된다는 정보를 들은 것에 기초해서), 주변에 의심스러운 물체가 있는지, 수상한 나사가 있거나 구멍이 뚫린 데는 없는지 확인한다. 나의 의사와 상관없이 누군가에 의해서 나의 개인적인 모습이 카메라에 찍히는 일을 방지하기 위해 매번 신경을 곤두세운다. 공간 전체를 뜯어서 확인할 수도 없기 때문에 때로는 '찍혀도 어쩔 수 없지'라는 생각을 하다가도 불현듯 '찍힐까봐 두렵다'는 공포가 엄습한다. 확인하면서도 개운치 않은 찜찜한 감정을 밀폐된 공간에 들어설 때마다 느끼게 된다. 가끔은 내가 잠들었을 때 연인이 카메라를 들고 나를 찍지 않을까 하는 두려움에 사로잡힌 적도 있다. 내가 아무리 사랑하는 사람이어도 완벽하게 신뢰하기 어려운 기분에 휩싸인다.

　내가 통제할 수 없는 숨겨진 카메라들에도 우리는 바짝 긴장하고 경계를 한다. 이는 '묻지마 폭행'과도 같아서 내가 노력한다고 피할 수 있는 일도 아니고, 그저 사회적으로 그런 사람을 단속하고, 색출하고, 처벌해주기를 기대하는 수밖에 달리 방법이 없어 갑갑한 노릇이다. 내가 조심해서 피해를 막을 수 있다면 그렇게 할 것이다. 그런데 불법촬영 같은 일은 내가 조심한다고 되는 게 아니라서 더욱 화가 난다. 더군다나 범죄를 저지른 사람은 내가 아닌데 왜 내가 이런 생활의 불편을 감내해야 하는가.

몰래카메라가 아니라 디지털 성범죄

　실제로 여성가족부 산하 '디지털 성범죄 피해자 지원센터'가 2018년 4월부터 12월까지 8개월 동안 총 5687건을 접수했는데 이중 유포 피해가 2267건(39.9%)으로 가장 많았고, 불법촬영 1699건(29.9%), 유포 협박 803건(14.1%) 순서였다고 한다. 피해자의 절반 이상인 1301명(54.7%)은 불법촬영, 유포, 유포 협박, 사이버불링(인터넷상에서 특정인을 괴롭히는 것) 등의 피해를 중복적으로 겪었고, 불법촬영 피해의 75.5%인 1282건은 유포 피해가 함께 발생한 것으로 나타났다. 유포 피해의 56.6%인 1282건은 피해자가 피해 영상이 제작될 것을 몰랐던 불법촬영이었지만, 나머지 43.4%인 985건은 영상물 촬영은 인지했으나 유포에는 동의하지 않은 경우였다. 불법촬영자의 대부분은 배우자, 전 연인 등 친밀한 관계였거나 학교나 회사에서 관계를 맺고 지내는 사람 등 피해자와 '아는 사이'였다. 모르는 사이에서 발생한 불법촬영 범죄는 전체의 34.8%인 592건이었고, 지인에 의해서 발생한 경우는 무려 65.2%였다.

연애관계에서도 영상이나 사진 촬영은 주로 돌발적으로 일어난다. 이를테면 성관계 중이나 옷을 벗는 도중, 혹은 나체 상태로 잠이 들려던 차에 연인이 갑자기 휴대전화를 꺼내 나의 허락 없이 나를 찍는 경우를 생각해보자. 보통은 "야, 하지 마"라고 말하고 삭제를 요구하는 것으로 끝나겠지만 상대방은 이미 디지털 성범죄를 저지른 것이다.

'성폭력범죄의 처벌 등에 관한 특례법'은 "카메라나 그밖에 이와 유사한 기능을 갖춘 기계장치를 이용해 성적 욕망 또는 수치심을 유발할 수 있는 사람의 신체를 촬영 대상자의 의사에 반해 촬영한 자는 5년 이하의 징역 또는 3000만원 이하의 벌금에 처한다"고 정하고 있다(제14조 제1항). 그러니까 영상을 찍을 때 찍히는 사람이 동의하지 않았는데도 이를 마음대로 찍으면 그 순간 죄가 성립하고, 이후 삭제하더라도 무죄가 되지 않는다. 이미 나의 허락 없이 사진이나 동영상을 찍었으므로 5년 이하의 징역 또는 3000만원 이하의 벌금에 해당하는 범죄를 저지른 것이다.

그런 상황에 닥치면 이 법조문을 상대방에게 알려주고, 휴대전화를 받아 사진이나 동영상을 완전히 삭제했는지, 클라우드 같은 자동으로 업로드되는 앱이 있는지 등을 확인해야 한다. 경찰에 신고하고 상대방의 휴대전화를 증거로 제출하면 임의로 사진을 삭제했더라도 충분히 복구할 수 있으므로 증거가 있는 셈이다. 불법촬영 범죄는 미수범도 처벌하고 있기 때문에 사전에 협의 없이 찍으려고 시도했으나 실제로는 찍지 못했다고 하더라도 형사처벌 대상이 된다. 그러니까 연애하다 범죄자가 되고 싶지 않다면 은밀한 상황에서 함부로 카메라를 드는 행위는 하지 않는 것이 좋다. 굳이 데이트 중에 연인을 앞에 두고 휴대전화를 만지는 일이 썩 매너 있는 행동이 아니라는 점까지 고려해보면 휴대전화는 되도록 멀리 두는 것이 현명하다. 촬영에 동의하지도 않았는데 함부로 카메라를 들이대는 연인의 행동을 통제하고 교정할 수 있을 것인지 여부에 따라 그를 신고하고 형사처벌할지, 일단 믿고 더 만나볼지 고민해야 할 것이다.

계약이 잘 유지될 수 있는 이유는 서로가 계약상 의무를 다하고, 계약 상대방에 대해서 불법적인 행동을 하지 않기 때문이다. 동네 커피숍 사장님과 내가 단골관계를 유지할 수 있는 이유는 내가 가게에서 행패를 부리거나, 돈을 지불하지 않는 등의 범죄를 저지르지 않기 때문이고, 커피숍 사장님이 나에게 매번 내가 주문한 커피를 적당한 정도로 제공해주기 때문이다. 연애에서도 불법을 행하는 사람과는 관계가 오래도록 유지될 수가 없다. '연인 사이니까' 허용되는 범죄란 없다.

촬영에 동의했더라도 유포에 동의한 적 없는 촬영물을
유포하는 것도 범죄

'성폭력범죄의 처벌 등에 관한 특례법'은 동의 없이 촬영한 영상물을 유포할 때도 처벌하지만 촬영 당시에 동의했거나 자의로 찍었더라도 이후 찍힌 사람의 동의 없이 이를 유포하는 행위에 대해서도 처벌하고 있다(제14조 제2항). 이 경우에도 무단으로 촬영한 죄와 마찬가지로 5년 이하의 징역 또는 3000만원 이하의 벌금이 선고될 수 있다. 이 범죄도 미수범을 처벌하고 있기 때문에, 둘이서만 보려고 찍은 성관계 동영상이나 사진을 상대방 허락 없이 다른 사람에게 보여주거나 공유하려고 시도만 해도 처벌 대상이 된다.

여기서 '유포'는 반포·판매·임대·제공 또는 공공연하게 전시·상영하는 행위를 포함한다. '반포'는 불특정 또는 다수인에게 무상으로 촬영물을 주는 것을 말하고, '판매'는 파는 것, '임대'는 빌려주는 것, '제공'은 주는 것, '전시'는 어딘가에 게시하는 것, '상영'은 영상물을 재생하는 것을 의미한다. 법은 복제본을 이와 같은 방식으로 유포하는 행위에 대해서도 최초 유포자와 마찬가지로 처벌하도록 하고 있고, 이와 같은 유포 행위는 단 한 사람에게만 해도 죄가 성립한다. 그러니까 카카오톡 단체채팅방에 공유한다거나, 친구에게 슬쩍 보여준다거나, 이메일로 보내준다거나 하는 그 모든 행위가 범죄로서 처벌되는 행위라는 것이다(받은 촬영물을 다른 사람에게 전달하는 것도 당연히 유포에 해당한다).

연애에서 문제가 되는 상황은 신뢰할 만한 사람이라고 생각해서 (정확히는 그렇다고 착각해서) 사진이나 영상을 찍는 것에 동의하고 함께 즐거워했는데, 이후에 나의 동의 없이 상대방이 나를 찍은 영상이나 사진을 친구들과 돌려보거나, 어디에 게시하는 방식으로 유포하는 경우가 좀더 흔하다. 보통은 연인관계에서 촬영한 내밀한 상황의 영상이나 사진을 다른 사람에게 보여주는 것은 연인으로서 결코 해서는 안 되는 일이라는 합의에 대한 믿음, 그리고 내 연인은 "절대 그럴 사람이 아니다"라는 신뢰가 있기 때문이다. 그러나 아무리 상대방을 믿고 사랑해도 그런 일에는 절대로 동의해주지 말라고 조언하고 싶다. 관계가 깨졌을 때 방어하기 어려운 일들의 불씨를 '허락'하거나 '묵인'해주는 것은 계약의 유지에 필수적인 요소가 아니다.

가해자가 고의로 유출하지 않더라도 휴대전화의 보안 수준은 믿을 것이 못 된다. 다양한 경로로 유출될 가능성이 있다. 친구들과 함께 휴대전화 속 사진을 보다가 공개되어버릴 수도 있고, 호기로 슬쩍 보여줄지도 모르며, 술김에 자랑을 할지도 모르는 일이다. 또한 헤어진 이후까지 상대방에게 그러한 신뢰와 책임감을 가질 것인지는 장담할 수 없다. 어떤 이유에서든 유포는 범죄행위다.

유포된 불법영상물을 즐기는 공범도 너무나 많다. 카메라를 몰래 숨겨놓고 찍는 불법촬영, 나의 동의 없이 영상물이 여기저기에 유포되는 일은 나의 통제 밖에 있다. 그러나 촬영 자체에 대한 동의의 기회가 주어졌다면 그에 대한 통제권은 나에게 있다는 점을 잘 기억해야 한다(앞에서 살펴봤지만 유포 피해의 43.4%는 찍는 것까지는 허락했지만 이후에 동의 없이 유포한 경우다).

사랑하는 사람과의 은밀한 모습을 찍어두고 싶다는 욕망 자체를 숨길 필요는 없다고 생각한다. 사람의 욕망은 다채롭기 때문이다. 다만 굳이 찍어서 보고 싶다면, 피해자가 될 가능성이 높은 쪽인 여성(디지털 성범죄 피해자 지원센터에 접수한 피해자의 88.6%가 여성이다)의 휴대전화로, 비행기 탑승 시 이용하는 '비행기 모드'를 켜서 인터넷을 통해 자동으로 공유될 수 있는 가능성을 차단하고, 누군지를 식별할 수 없도록 얼굴은 나오지 않게 찍는 정도까지가 그나마 스스로를 지키는 가장 최대치라고 생각된다. 조심하고 또 조심해도 혹시 영상이나 사진이 유출되었을 때 누구의 것인지 식별할 수 없는 상황이 그나마 안전하기 때문이다. 또한 동의하더라도 '다른 사람에게 절대 보여주지 말 것'을 약속하는 내용의 카카오톡 메시지나, 녹취 등을 남기거나 동영상이라면 '너만 봐'라는 말을 하고 그 영상을 전송받아두는 것을 추천한다. 나중에 유포에 대해 동의하지 않았음을 입증하는 증거로 사용할 수 있다.

서로 좋아서 촬영한 영상, 이별을 앞두고 문제가 될 수 있다

사랑했던 누군가와 함께 보내던 좋은 시간을 기록하고 싶어서 찍어놓은 사진이나 영상, 혹은 허락한 바 없지만 상대방이 마음대로 찍어놓고 삭제를 거부하는 촬영물이 있다면 연인과 헤어질 때는 반드시 그 영상물을 지워달라고 요구해야 한다. 둘 사이에 연인 사이로서 신뢰관계가 구축된 상황에서야 유포하지 않으리라 어느 정도는 믿을 수 있을지도 모르지만 헤어짐을 앞두고 상대방이 과연 순순히 영상을 삭제해줄까? 그가 다른 곳에 복사본을 저장하고 있지는 않을지 끊임없이 의심이 들 수밖에 없다.

이를 빌미로 연인이 나와 헤어지기를 거부하고, 가지고 있는 영상을 유포하겠다면서 협박을 하면 어떻게 할까. 상상만 해도 가혹한 시간이다. 협박이 두려워서 헤어지지 못한다면 과연 그 굴레에서 벗어날 수 있을까. 돈을 주면 삭제해줄까? 무릎을 꿇고 빌면 삭제해줄까? 형벌은 사후적인 것이므로 범죄를 처벌할 수는 있어도, 이미 범죄가 벌어지고 난 후에 받은 피해를 애초에 없었던 일처럼 되돌리기가 쉽지 않다. 협박을 받으면 겁이 나겠지만, 정신을 바짝 차려야 한다. 겁에 질리는 순간 피해는 더 커질 수밖에 없다.

사랑하는 사람과 촬영한 영상이 유포되는 것은 분명 불행한 일이다. 사랑했던 사람이 나와의 약속을 배신하고 이를 남에게 보여주었다는 사실이 주는 실망감은 이루 말할 수 없이 큰 상처를 준다. 제삼자가 나의 몸을 보며 불유쾌한 상상을 하는 것을 생각하면 혐오감과 역겨움이 치밀어오른다. 그러나 세상에는 그런 영상을 보고 즐기는 인간 이하의 존재들만 있는 것이 아니라 그런 영상을 범죄로 여기는 사람들도 많다. 피해자에게 왜 그런 영상을 찍었느냐고 묻는 문화에서 유포한 사람과 이를 함께 보는 사람들의 범죄행위를 비난하는 문화로 바뀌어가고 있다.

　만에 하나 유포된 영상물의 당사자가 된다 하더라도 내가 잘못한 것은 없다. 나와의 추억을 타인에게 유포해 약속을 어기고 연인으로서의 의무를 배신한 그가 잘못한 사람이다. 이런 상황에서는 나 자신을 책망하기보다 가해자의 배신과 범죄에 분노하고 그를 응징하기 위한 용기를 키워야 한다. 유포자는 나뿐 아니라 그 누구와도 연애를 할 자격이 없다. 연애란 서로가 서로를 동등한 인간으로 인정하며 마음을 나누고, 서로에게 의무와 책임을 다하는 관계다. 서로를 존중하는 마음은 헤어진 후에도 유지되어야 한다.

불법영상물 대처 방법

　나에게 만일 불법영상물 내지 연인과 둘이서 보기로 하고 찍은 영상물이 있는데 헤어진 연인이 이를 유포하겠다고 협박한다면 그 즉시 정신과 치료를 받으며 내가 받은 정신적 충격에 대한 증거를 모아야 한다. 그 사건 이후 상대방과 주고받은 연락 일체를 증거로 남긴다. 연락 과정에서는 정확하게 나는 그 영상물의 유포에 동의한 사실이 없음과 이를 유포하면 형사처벌 대상이 된다는 것을 상대방에게 알리고 이 과정을 모두 녹음한다(대화자 사이의 녹음은 불법이 아니다. A와 B가 대화나 전화통화를 하는 중이라면 A나 B가 그 대화를 녹음하는 것은 불법이 아니라는 뜻이다. 민사재판, 형사재판에서 충분히 증거로 쓰일 수 있다. 다만 A와 B의 대화를 제삼자인 C가 몰래 녹음하는 것은 불법이다). 상대방이 보낸 협박의 의미가 담긴 문자 메시지 화면을 캡처해 저장하고, 주변 친구들에게 고통을 호소하는 증거를 남긴다.

─민사소송: 영상물 유포금지 가처분 신청, 불법행위 손해배상 청구

　증거가 어느 정도 모이고 나면 상대방이 영상물을 유포하지 못하도록 법원에 영상물의 유포를 금지하고 상대방이 이를 위반할 경우 이행강제금이 부과될 수 있도록 하는 내용의 가처분을 신청한다. 또한 내가 받은 정신적 충격에 대한 민사소송으로 불법행위에 기한 손해배상 소송을 제기한다.

영상물 유포금지 가처분이란 법원에 상대방으로 하여금 영상물을 유포할 수 없게 의무를 부과하는 결정을 받는 것이고, 가처분을 신청할 때 상대방이 의무를 위반할 경우 그에 따라 벌금처럼 이행강제금을 부과해 의무를 위반한 상태가 지속되는 만큼 그에 따른 금액이 늘어나게 하는 것이다. 상대방에게 의무 위반에 따른 금전적 부담을 안겨 그 의무를 지키도록 간접적으로 강제하는 효과가 있다.

불법행위에 기한 손해배상 소송이란 상대방이 나에게 사회에서 '불법'이라고 부를 만한 나쁜 짓을 했고 그 행위로 인해서 신체적·물질적·정신적 피해를 입었으니 손해를 배상하라고 청구하는 소송이다. 법원에 소장을 제출하면 민사소송이 시작되는데, 법원은 원고가 제출한 소장을 피고인 가해자에게 보내게 된다. 원고가 적은 상대방의 주소지로 소장이 보내지기 때문에, 그 사람이 불법행위를 저지른 가해자라는 사실을 주변 사람에게 널리 알리기 위해서 상대방이 가족과 함께 산다면 집으로, 회사에 다닌다면 회사로 보내는 것이 좋다. 소장을 보내는 일은 명예훼손에 해당하지 않으니 걱정할 필요 없다.

고통 받는 즉시 빠르게 증거를 모으고 민사소송을 제기해야 하는 이유는 우리 민법이 아직 불법행위를 이유로 한 손해배상의 경우에 소멸시효를 가해자를 안 날로부터 3년, 불법행위를 한 날로부터 10년으로 하고 있기 때문이다. 소멸시효란 권리를 행사할 수 있는 기간을 말하는데, 수사나 형사재판이 진행되고 있다고 해서 그 기간을 연장해주지 않는다.

─ 형사소송: 수사기관에 고소장 제출

유포 협박에 시달리면 일단 만약 상대방이 진짜로 유포할 경우에 대비해서 여성가족부 산하 디지털 성범죄 피해자 지원센터에 연락하고, 경찰 등 수사기관에 협박 및 성폭력범죄의 처벌 등에 관한 특례법 위반으로 고소장을 제출한다. 수사기관에 상대방이 동영상 등을 보유하고 있으며 유포 가능성이 높다는 점을 관철시켜 상대방에 대한 구속 내지 압수수색을 빠르게 진행해줄 것을 요구해야 한다. 한편으로는 형사사건에서 합의란 결코 없다는 것을 명확히 밝히고, 성폭력범죄 피해자로서 내게 주어진 권리에 따라 재판 과정에서 끊임없이 탄원서를 제출하고 발언 기회를 얻어 피해 사실을 호소해야 한다. 불법촬영이나 무단 유포는 엄연히 성범죄에 해당한다. 성범죄 피해자에게는 형사재판 과정에서 피해자로서 진술할 수 있는 권리가 보장되어 있다.

진정한 사과는 충실한 손해배상으로부터

우리 법은 손해가 생겼을 때 이를 배상받는 방법으로 돈을 지급받는 것을 원칙으로 하고 있다. 그러므로 내가 받은 정신적 피해를 돈으로 지급하라는 요구는 피해를 입은 사람이 할 수 있는 너무도 당연하고 정당한 권리의 행사이다. 만약에라도 동영상이 유포된다면 나의 정신적 피해는 더욱 커질 것이므로 상대방에게 민사소송에 청구한 소가訴價를 더 올릴 것이며 영상물 유포금지 가처분에 따른 이행강제금도 모두 집행할 것이라고 알린다. 그가 거래하는 모든 은행계좌를 가압류하고, 월세나 전세에 살고 있다면 임대차보증금 반환채권도 가압류하고, 차가 있다면 차도 가압류한다. 할 수 있는 모든 방법을 동원하여 청구 금액을 받기 위해 전력을 다해야 한다.

영상물을 무단으로 유포하는 행위에 대한 불법행위 손해배상은 법원에서 내가 받은 정신적 피해가 얼마나 큰가를 증명하는 데에 따라 달라지겠지만 현재로서는 대략 2000만 원 안쪽으로 판단되고 있다(사실 너무 적다). 그러나 만일 영상물이 유포될 경우에는 그 피해의 정도가 극심해지기 때문에 훨씬 많은 금액을 손해배상금으로 청구할 수 있다.

이를 두고 가해자 측 사람들이 피해자에게 '꽃뱀'이니 하는 말로 공격할지도 모른다. 그러나 '내가 원하는 것은 돈이 아니라 진정한 사과'라는 말은 하지 않는 것이 좋다. 진정한 사과는 충실한 손해배상으로부터 나온다. 잘못을 한 사람은 그에 합당한 금전적 피해 보상을 포함한 사과를 해야 한다. 앞서 설명한 대로 우리 법은 '손해'에 대한 배상에 대해 '금전배상'을 원칙으로 하고 있기 때문에, 손해가 났으면 돈을 받는 것은 법적으로 지극히 합당한 일이다.

'진정한 사과'를 실제로 받기까지 민사소송은 짧게 잡아도 1심 6개월 이상, 2심 3개월 이상, 3심 4개월 이상이 걸려 어쩌면 몇년을 내내 소송만 하고 있게 될지도 모른다. 형사 재판에서도 증인으로 불려나가 연인과의 한때 좋았던 기억을 산산이 부서트리며 그에 대한 실망감을 호소하는 말을 해야 할 수도 있다. 협박에 떨었던 고통스러운 기억을 전시해야 할지도 모른다. 그 과정에서 금전적인 압박도 상당할 것이다. 쉽지 않은 여정이다. 그럼에도 불구하고 끝까지 포기하지 말고 물고 늘어져야 한다. 그리고 그 과정에 나와 연대할 많은 사람들이 있다는 것을 잊지 말고 그들에게 의지해야 한다. 내게 허락된 모든 법적·제도적 방법을 총동원해 법이 허락하는 한 형사적으로 가해자가 받을 수 있는 가장 큰 형벌을 받을 수 있도록 노력하는 한편, 민사적으로는 받을 수 있는 가장 많은 손해배상금을 받아내기 위해 전력을 다해야 한다. 가해자가 협박을 하는 시점에 나에게 이런 선택지가 있다는 것을 명확히 인식할 수 있도록 꼭 알려주자(평소 당신이 이러한 선택지들을 잘 알고 있다는 사실을 가해자가 알고 있는 것만으로도 어느 정도 유포 피해를 방지할 수 있을 것이다). 용기 내기를 바란다. 적어도 내가 당신을 지지할 것이다.

이미 유포된 불법촬영 동영상은 어떻게 하나

만약 나도 모르는 사이에 이미 불법촬영 동영상이 유포되어 버린 경우라면 어떻게 해야 할까. 유포되고 있는 동영상을 삭제하고, 유포한 사람을 찾아 벌을 주고, 내가 받은 정신적 피해에 대해 손해배상도 받아야 할 것이다.

우선 피해 영상물이 게시된 사이트의 주소(URL), 게시글의 제목과 내용 등을 검색할 수 있는 정보(키워드), 영상이나 사진 등의 원본 파일, 영상이 유포되고 있는 게시물 등의 캡처 화면(URL, 키워드, 피해 영상물 등을 찍은 화면이 반영된) 등을 수집해야 한다. 이후 디지털 성범죄 피해자 지원센터(이하 '센터')나 한국사이버성폭력대응센터(한사성) 등에 연락을 취하면 된다. 그러면 센터에서 내가 보낸 자료를 근거로 피해 영상물이 게시된 사이트, 플랫폼 등을 파악한 다음 플랫폼마다 정해진 방법에 따라 게시물을 삭제·차단할 것을 요청해준다. 근거자료를 수집하는 과정이 쉽지 않고 정신적으로 많이 힘들겠지만, 더 큰 피해를 막기 위해서 마음을 단단히 먹어야 한다.

센터는 피해를 받은 사람을 위해 영상물 삭제만 지원하는 것이 아니라 그 과정에서 관련 증거를 확보하고, 삭제 리포트 제작 및 사후 모니터링을 하고, 경찰 등 수사기관에 신고하고, 고소인 조사를 받을 때 동행하고, 의견서를 작성하는 등의 법률지원도 제공한다. 또 성폭력 피해자 지원제도를 마련하여 의료·보호시설과도 연계하고 있다. 영상물 삭제 지원에 소요되는 비용은 성폭력방지 및 피해자보호 등에 관한 법률 제7조의 3에 따라 불법촬영을 하거나 이를 유포한 성폭력행위자가 부담하도록 하고, 국가는 성폭력행위자에게 구상권求償權을 행사할 수 있다. 곧 범죄자에게 피해에 대한 비용을 지출하게 하는 것이다.

나도 모르는 사이에 찍힌 불법영상물의 존재, 그리고 영상물의 유포, 유포된 영상이 게재된 게시물에 달리는 각종 저급한 댓글들 때문에 마음이 무척 괴로울 수 있다. 그러나 여러번 강조하지만, 이는 가해자의 잘못이지 피해자는 잘못한 것이 아무것도 없다. 그 누구도 더러운 말로 나의 존엄성을 훼손할 수 없다. 왜 나에게 이런 일이 생겼을까를 자책하기보다 증거를 수집하고 가해자들을 응징할 방법을 찾는 데 에너지를 모으자. 이를 통해 언젠가 가해자를 처벌하게 되는 날, (비록 가해자 전부를 찾아내지 못했더라도) 내가 나를 위해 이토록 힘을 냈고, 주변에 나를 위해 애써주는 사람이 있음을 알게 될 때 앞으로의 삶을 살아낼 용기도 함께 생길 것이다.

문제가 발생했을 때, 갈등이 도무지 해소가 되지 않을 때 사람들은 '법대로' 해결하기 위해 변호사를 찾아온다. 변호사는 기본적으로 형사소송에서는 그 사람을 '변호'하는 사람이라는 뜻에서 변호인으로서의 역할을 하지만, 민사소송에서는 그 사람 '대신' 법률적 절차와 증거들을 제출하고 법원에 설명하고 설득하는 일을 하는 대리인으로서의 역할을 한다(그래서 형사소송에서는 '변호인', 민사소송에서는 '대리인'이라고 부른다).

의뢰인이 사건을 가지고 찾아오면 변호사는 이 사건을 맡을지 말지 결정을 한다. 법적 다툼을 하는 것이 의뢰인에게 합리적인 선택인지를 함께 고민하고 의견을 제시한다. 그러니까 무엇보다도 '내가 무엇을 원하는지'를 정하고 그에 맞는 스타일의 변호사를 찾을 것을 추천한다.

이를테면 나에게 피해를 입힌 그 사람이 반드시 형사처벌을 받았으면 한다든지, 내가 입은 피해에 대한 손해를 꼭 배상받고 싶다든지, 형사처벌이 되지는 않더라도 혹은 민사적으로 받을 수 있는 손해배상금 금액이 많지 않더라도 법적 공방을 통해서 오랫동안 괴롭히고 싶다든지, 해당 상대가 나에게 접근하지 못하게 했으면 좋겠다든지 등 원하는 것을 정확하게 전달하는 것이 중요하다.

변호사가 의뢰인의 결정을 돕기 위해 이런 선택을 하면 이러한 결과가 예상이 되고, 저런 선택을 하면 저러한 결과가 예상이 되며 비용과 시간은 얼마 정도가 든다는 설명과 함께 의뢰인이 원하는 결론을 얻기에는 이러한 선택을 하는 것이 적정할 것 같다는 제안은 할 수 있지만 결국 선택은 의뢰인의 몫이다. 가끔 "저는 모르겠어요. 어떻게 하면 좋을지 변호사님이 알아서 결정해주세요"라고 자신의 선택을 변호사에게 미루는 의뢰인들이 있는데, 이는 변호사가 할 수 있는 범위를 넘어서는 일이다.

변호사와 약정을 체결하고 법률적 조력을 받기로 한 경우에도 변호사는 부탁받은 일을 하는 것이지 그 일과는 무관한 의뢰인의 오만가지 다른 일에까지 법률적 조력을 해주기로 약속한 것이 아니라는 점도 기억하자. 결국 싸움은 본인의 의지에 달렸다.

스토킹범죄

거절하는데도 '열 번 찍으면' 범죄다

"너 이런 일 당해본 적 있니?"

E가 조심스레 말을 꺼냈다. 날로 집착이 심해지는 연인 때문에 괴로워하다 겨우 헤어진 어느 날이었다. 그에게 전화가 와도 받지 않고, 집에 찾아와 문을 두드려도 모른 척하고 있었는데 갑자기 119 소방대원들이 문을 열고 들어왔다고 한다. 알고 보니 헤어진 그의 연인이 "애인이 집에 있는 것 같은데 전화를 안 받는다, 몸이 안 좋다더니 쓰러진 것 같다"면서 신고를 했다는 것이다. 그 이후로도 그는 계속 E에게 전화를 걸고, 매일 집 앞에 찾아오고 심지어는 꽃다발을 들고 회사 앞에 나타나기까지 했다. 그가 다음에는 무슨 이

상한 짓을 할까 E는 너무 두려웠다.

구애와 스토킹 사이

연애는 두 사람이 함께하는 것이다. 그러므로 두 사람 중 한 사람이라도 마음이 식어서 헤어지자고 하면 더는 연애가 아니게 된다. 사실 이별 통보를 받은 사람이 할 수 있는 일은 거의 없다. 그런데 만약 그 사람이 이별의 사실을 받아들이지 않은 채, 혼자서 계속 연애 상태에 머문다면 어떻게 될까. 물론 한두번 정도야 미련을 버리지 못하고 연락하는 일이 있을 수 있다(누구나 헤어진 연인에게 실수로 혹은 마지막 희망을 가지고 연락을 해보곤 하니까). 하지만 마치 사귀고 있을 때처럼 매일 전화를 하고, 문자 메시지를 보내고, 데이트를 하자고 조른다면? 이별 상태를 받아들이지 못하다가 나중에는 다시 만나달라고 받을 때까지 끊임없이 전화를 하고, 협박을 하고, 만나기를 거부하는 사람 앞에 자꾸만 나타나고, 쫓아다니고, 붙잡아 앉혀두고 자기 하소연을 하고, 용서해달라고 일방적으로 빌기 시작하면 사태는 더욱 심각해진다. 그모든 것은 상대방을 괴롭히는 일이다. 결코 구애의 방식이 아니다.

사귀는 사이가 아닌 관계에서도 '구애의 기술'이랍시고

스토킹을 하는 사람들이 있다. 심지어는 '내가 너를 좋아하니까' 사귀는 사이라고 생각하는 경우도 있다. 상대방에게도 나를 좋아할지 말지에 대한 선택권이 있다는 사실을 망각하는 것이다. 스토킹 같은 극단적 사례가 아니더라도 종종 이러한 착각은 발생한다. '내가 쟤를 찍었'으니 '곧 내 것'이 될 것이라고 망상하는 경우 말이다. 상대방을 교섭 상대가 아니라 구입 내지 쟁취의 대상인 물건으로밖에 이해하지 못하는 것이다. 이런 사람들은 '열번 찍어 안 넘어가는 나무 없다'는 말을 연애의 격언으로 여기는 것 같지만, 지금도 그렇게 생각한다면 오산이다. 이는 상대방의 인격과 자기결정권을 부인하는 행태이다. 연애 상대방을 동등한 인격체로 인정하지 못하는 사람은 연애를 하고자 하는 것이 아니다. 연애란 동등한 사람이 자유롭게 교섭하여 관계를 형성하기로 하는 약속인데, 상대방을 인격체로 대우하지 않는 관계를 과연 연애라 볼 수 있을까?

상대방은 만나기 싫다는데도 지속적으로 만나달라고 조르거나, 따라다니고, 몰래 숨어서 기다리고, 사귀자고 요구하는 행위를 '지속적 괴롭힘'이라고 한다. 지속적 괴롭힘은 경범죄 처벌법에 의해 10만원 이하의 벌금, 구류 또는 과료料의 형을 받는 범죄행위다. 그렇지만 처벌의 강도가 피해자들이 경험하는 공포에 비해 너무 가볍다. 경찰에 신고를 해도 순찰을 강화해달라는 요구 외에 달리 할 수 있는 것이 없다. 신고를 해서 경찰이 그를 잡아가봐야 8만 원 정도의 벌금 처분을 하거나 그저 훈방 처리되는 일이 다반사다. 그러면 오히려 가해자에게 자신감을 심어주게 되어 신고 자체를 꺼리는 사람도 있다.

스토킹범죄는 강력범죄의 출발점으로 인식하고 심각하게 다루어져야 한다. 비슷한 사례로 형법은 똑같은 주거침입범이라도 낮보다 밤에 침입해 절도를 하는 사람을 더 무겁게 처벌하고 있다. 야간에 집에 침입해서 절도를 하는 사람의 경우 심리적으로 더 긴장해 있는 상태이고, 밤에는 사람이 집에 있을 가능성이 높기 때문에 단순 절도범에서 사람에게 위해를 가하는 강도나 강간범으로 전환될 가능성이 낮보다 더 높다고 보기 때문이다. 마찬가지로 스토킹범죄를 저지르는 사람은 그렇지 않은 사람보다 더 쉽게 자신의 의지에 부응하지 않는 피해자에게 강력범죄를 저지를 가능성이 높은 상태에 있다. 굳이 어려운 심리적 분석을 제시하지 않더라도, 피해자가 싫다는데도 계속 쫓아다닐 정도로 피해자에게 집착하고 있는 가해자의 병적 상태를 경계하지 않을 수 없는 것이다.

스토킹범죄의 심각성

이런 스토킹범죄에 대한 처벌을 위해 이미 15대부터 19대 국회까지 여덟차례나 법안이 만들어졌다. 그러나 모두 임기 만료로 폐기되었다. 20대 국회에서도 6개의 법안이 발의되었지만 제대로 검토된 의안이 하나도 없다. 기사에서 스토킹범죄로 인한 누군가의 죽음이 언급될 때 잠시 법안들이 발의될 뿐이었다. 상황이 이렇다보니 스토킹범죄는 여전히 법의 사각지대에 놓여 있다. 피해자들은 가해자의 잦은 등장, 반복되는 연락 때문에 정신적으로 심각한 공격을 받고 있지만, 이를 제대로 처벌할 수 있는 방법이 없다.

스토킹은 비단 헤어진 연인 사이에만 일어나는 일은 아니다. 주변의 사례를 살펴보면 헤어진 연인을 비롯해서 회사에서 멘토-멘티 관계로 그저 업무상 친절을 베풀었던 상대방, 강의를 들으러 왔던 청중, SNS에서 친구를 맺은 사람, 심지어는 아무런 관계가 없는 사람도 스토커로 돌변했다. 피해자는 성별을 가리지 않았다. 때로 사람들은 스토킹을 당한 사람이 단호한 거절의 태도를 보이지 않고 스토커를 모호하게 대했거나, '오해할 만한 행동'을 했기 때문이라고 잘못 생각한다. 그러나 끊임없이 거절의 의사표현을 하고,

연락하지 말라고 말해도 스토커들은 상대방의 의사를 자기 좋을 대로 해석하고, 심지어는 아랑곳하지도 않는다. 이는 스토킹을 당하는 사람의 문제가 아니라 완전히 스토커의 문제다.

그런데 현행법에는 스토커가 '만나주지 않으면 죽어버리겠다' '가만두지 않겠다' 하는 식의 생명에 위협이 될 만한 말로 협박을 하거나, 실제로 피해자에게 폭력을 행사하거나, 현관문을 두드리는 등 위협적인 행동을 하거나, 무단으로 집에 침입하는 식의 별도의 범죄를 저지르지 않는 한, 단지 쫓아다닌다는 이유로, 계속적으로 만나달라고 구애하는 내용의 문자 메시지를 보낸다는 이유로 이 사람을 처벌할 수 있는 뚜렷한 규정이 현재로서는 딱히 없다. 그러다보니 변호사인 나로서는 도움을 주기가 어려워서 못내 미안하고 고통스러웠던 적이 많다. 이미 피해자는 집 근처 전봇대에 스토커의 그림자만 비쳐도, 문자 메시지 알림 소리만 들려도 경기를 일으킬 정도로 정신적 피해를 입고 있는데도 스토커가 추가적인 범죄를 저지르지 않는 한 피해자가 대응 가능한 적당한 방법이 별로 없다.

현재로서는 민사소송을 통해 가해자에 대한 '접근금지 가처분' 결정을 받아서 피해자에게 접근하려고 할 때마다 벌금처럼 이행강제금을 부과하는 것이 그나마 실효성 있는 방법으로 제시된다. 가해자에게 금전적인 부담을 지워서 행동을 간접적으로 통제하는 방법인데, 이 역시도 공연히 상대방을 자극할 가능성이 있으므로 신중하게 고려할 수밖에 없다. 또한 스토커의 신원을 정확히 알지 못하면 이마저도 할 수가 없다. 접근금지 가처분 신청서를 제출하기 위해서는 상대방의 이름, 주민등록번호나 주소지 정도는 알아야 하기 때문이다.

사랑은 상호적인 것이다. 결코 '사랑해서 그랬다' '상대의 마음을 되돌리기 위해 그랬다'는 말로 상대방이 거부하는 행위를 정당화할 수 없다. 상대방이 거절했음에도 그 의사를 무시하고 본인의 의지만을 강요하는 것은 효과적인 구애 방법이 아닐뿐더러 범죄가 될 수도 있다. 연애란 서로를 동등한 사람으로서 인정하고, 서로가 연애를 통해 얻고자 하는 것, 바라는 것들에 대해 이야기를 나누고, 미래를 그려보고, 양보하기도 하고, 협력하기도 하고, 도움을 받기도 하면서 함께 살아가기 위한 약속이다. 상대방에게 '의사'라는 것이 존재한다는 사실 자체를 인정하지 못하는 사람과 연애를 할 수 있을 리가 없다. 혼자 하는 연애란 없다.

위계관계에서
연애하려면

    드라마나 영화의 단골 소재는 바로 상사와 부하 직원 사이의 로맨스이다. 스토리를 엮기 위한 시공간적 제약, 업무상 벌어지는 에피소드와의 연계 같은 것들이 수월하기 때문이다. 상사의 다정하고 따뜻한 태도, 부하 직원에게 보이는 열렬한 애정으로 말미암아 상사는 업무적으로는 '갑'이지만 감정적으로는 '을'이 되어 로맨스가 펼쳐진다. 로맨스의 관객인 우리에게는 상사가 '을'로 보이기 때문에 상사가 부하 직원에게 위력을 행사하지 못한다고 착각하게 만든다. '위력은 있지만 위력을 행사하지 않는 상태'가 존재한다고 여기는 것이다.

    찬찬히 생각해보면 상사로 나오는 배우가 너무나 아름다운 외모를 가지고 있는데다가 사랑스럽기까지 하기 때문에 관객은 부하 직원이 당연히 상사에게 호감을 가지게 될 것이라고 기대하거나, 애초에 두 사람의 애정 전선이 동시다발적으로 보여지는 탓에 상사가 먼저 부하 직원에게 업무를 빙자한 애정 공세를 퍼붓는 행동을 할 때 그리 폭력적이라고 인식하지 못하는 경우가 있다. 위력은 업무상 상하관계에서 발생하는 것인데 내 밥줄을 좌지우지하는 상사의 애정 공세에 대한 부하 직원의 반응이 과연 그의 지위와 아무 상관없이 이루어질 수가 있을까? 상사가 부하 직원에게 "나는 지금부터 네 상사가 아니야, 너를 사랑하는 한 사람일 뿐이야" 따위의 말을 한다고 갑자기 상사가 아니게 되는 걸까? 정답은 '그렇지 않다'이다. 이는 현실에서도 드라마에서도 마찬가지다.

상하관계는 그 존재 자체만으로 이미 위력이 형성된다. 상사 본인이 아무리 아니라고 발버둥쳐도 상사는 상사다. 우리는 사극에서도 많이 보았지 않나. 임금이 "자네, 우리 둘이 있을 때는 어릴 적 동무처럼 대해주게"라는 말을 곧이곧대로 믿고 임금과 편하게 대화를 나누려 했던 사람이 결국 어떤 꼴을 당하는지 말이다.

정 부하 직원을 사랑하게 되었다면 호감을 표시하고, 좋아한다고 고백하고, 사귀는 단계까지 철저히 '을'이 되는 수밖에 없다. 부하 직원이 상사에 대한 존경 내지 존중, 조심, 예의로 상사인 나에게 친절하게 행동하는 것인지 정말 호감인지를 가려낼 권한조차 상사에게는 주어질 수 없다. 혼자서 호감이라고 착각하는 순간 위력에 의한 강제추행, 성희롱으로 비화된다. 권력을 가진 사람은 자신의 위치를 너무나 쉽게 간과하고, 자신의 지위에 대한 호의를 자기 자신에 대한 호감으로 착각하기 쉽다. 실수하지 않으려면 기다리는 수밖에 없다. 부하 직원이 상사를 정말 좋아한다면 요즘 같은 시대에 당연히 부하 직원이 상사에게 먼저 호감을 표시할 것이고, 그런 용기가 없는 정도의 마음이라면 상사도 부하 직원에게 좋아한다고 말해봤자 성희롱이 될 뿐이다. 착각은 금물이다.

에필로그

사랑을 시작하려는 당신에게

연애도 계약이라고 말하는 것에 대해 '왜 그렇게까지 말해?'라는 이야기를 들은 적이 있다. 연애는 사랑에 기반한 것이고, 사랑은 맹목적이어야 하는 것인데 연애가 어떻게 하나하나 따지는 계약에 비유될 수 있느냐는 말이었다. 그렇지만 서로에 대해 제대로 알기도 전에 그저 '사랑하니까'만으로 시작되는 관계의 경우 '남자는 이래, 여자는 이래' '연애는 원래 이런 것' 같은 고정관념에 따라 흘러가는 상황을 종종 본다. 그러나 우리 모두는 각자 고유한 존재다. 가장 사적인 관계인 연애에서 서로의 특별함을 인정하지 않는다면 그만큼 서운하고 아쉬운 일이 또 있을까.

서로가 서로에게 원하는 것이 무엇인지 섬세하게 바라보고, 물어보고, 관계에 대해 이야기하고 함께 노력해나가는 이 평범한 일이, 뜨겁게 사랑해서 시작한 연애인데도 오히려 뜻대로 되지 않는 경우를 자주 본다. 혹시나 이런 걸 물어봤을 때 상대가 나에게 주었던 사랑을 거두어가면 어떻게 하나 하는 두려움이 앞서 오히려 서로에게 솔직하지 못하고 당당하지 못한 관계를 맺게 되기도 한다. 그러다보면 서로에 대한 추측만 무성해지고, 내가 만나는 고유한 상대방을 인터넷에 범람하는 일반적인 이야기에 끼워맞춰 오판하기도 한다. 그런가 하면 '사랑하니까'라는 이유로 상대방이 요구하는 각종 부당한 일, 나의 존재를 침범하는 요구들로부터 스스로를 지켜내기 어려워지는 상황이 종종 발생한다. 연애를 계약으로서 바라보자는 말은 그동안 연애에 대한 사회적 통념에서 벗어나 진정 우리가 원하는 연애로 나아갈 새로운 방법을 모색해보자는 제안이다.

　처음 연애와 계약법을 빗대 글을 쓰기 시작한 데는 변호사로서의 책임감도 한몫했다. 비교적 접근하기 쉬운 연애에 비유해 계약법의 각종 법리를 풀어내면, 적어도 내 글을 읽은 사람은 계약과 관련한 문제가 생겼을 때 해결의 실마리를 찾아낼 수 있지 않을까 하는 기대가 있었다. 그런데 글을 쓰다보니 오히려 계약법의 법리를 통해 연애관계를 새롭게 정립할 수 있지 않을까 하는 조금은 거창한 목표를 가지게 되었다.

계약의 대전제는 계약을 체결하는 주체들이 서로 대등한 관계라는 것이다. 계약 당사자가 자신이 구속될 규칙을 스스로, 주체적으로 정한다는 뜻이다. 연애도 자신이 맺을 관계의 내용을 스스로 정한다는 점에서 계약과 일맥상통하는 지점이 있다. 연애를 계약으로 보자는 이야기를 쓰게 된 건 연애를 하는 여성과 남성, 남성과 남성, 여성과 여성이 서로 동등한 주체가 되는 연애가 가능하며, 이제는 그렇게 되어야 한다는 이야기를 하고 싶었기 때문이다. 특히 여성들에게 자신이 주체가 되는 연애가 가능하다는 이야기를 하고 싶었다. 많은 연애관계에서 여성은 사회가 여성에게 부여한 역할을 수행하는 과정에서 자기도 모르게 상대방에게 종속적인 존재가 되거나 이를 강요받는다. 남성들에게도 연애를 계약으로 바라보는 관점은 사회가 요구하는 특정 역할을 수행하는 연애가 아니라 본인다운 연애를 할 수 있게 할 것이다.

한편으로 연애가 계약이라는 말은, 연애가 스스로 규칙을 정하는 관계라는 주장에 더해서 연애라는 행위를 할 때 우리에게 다양한 선택지가 있다는 이야기를 하는 것이다. 계약이 반드시 체결해야만 하는 일이 아니듯, 연애도 '해야만 하는 것'도 아니고, 결혼을 위한 준비과정도 아니다. 연애는 하고 싶을 때 하는 것이고, 서로 연애하기로 약속한 사람끼리 하는 일이기 때문에 사회에서 정해놓은 어떤 역할을 따라야 하는 일도 아니다. 이렇게 연애를 계약으로서 바라보면 일방이 상대방을 '소유'하는 관점으로 접근하거나, 스스로를 대상화해서 거래의 대상으로 삼는 방식의 연애, 사회적 압력에 떠밀려서 엉겁결에 하는 연애와는 결별할 수 있다. 더불어 연애를 계약의 관점에서 체결할 수 있는 사람인가, 즉 상대방이 나를 동등한 주체로 보는가를 따져보는 과정을 통해 여성을 물건처럼 여기고 나아가 범죄를 저지르기까지 하는 사람을 걸러낼 수도 있을 것이다.

나는 누군가를 사랑하는 일이 얼마나 좋은 일이냐는 이야기를 종종 한다. 결혼이나 연애 그 자체를 위해서가 아니라 그저 누군가를 사랑하는 일 말이다. 연애란 새로운 사람을 만나 그 사람을 알게 되고, 그 사람의 세계로 초대받는, 설레는 일이다. 이 사람과의 두근거리는 시간이 언제까지 이어질까 하는 김빠지는 걱정 대신, 지금 이 순간 너무 행복하다는 만족감을 느끼는 것으로 충분한 일이다. 물론 그 행복을 유지하기 위해 끊임없이 노력해야 하고 세심하게 상대방을 살피고, 상대방과 소통해야 한다. 그렇지만 마음을 나눌 사랑하는 사람이 있고, 서로 의지하고 지지하면서 살아가는 삶이 주는 풍족함이라는 것은 분명 존재하므로 충분히 노력할 가치가 있다. 친구들과 나누는 우정과는 또 다른 종류의 깊은 감정인 사랑이라는 감정을 많은 사람들이 향유함으로써 행복해졌으면 한다. 우리 모두는 자기 자신뿐만 아니라 타인을 사랑하고, 타인으로부터 사랑받을 자격이 충분한 사람들이다.

어떤 연애가 좋은 연애라고 딱 잘라 이야기할 수는 없지만 적어도 어떻게 하면 주체적인 나를 잃지 않고, 안전하게 또 오랜 기간 안정적으로 연애를 할 수 있을까에 대한 고민을 함께 나누고 싶은 마음으로 글을 썼다. 연애를 통해 얻는 두근거림을 경험하기로 마음먹었다거나, 이별을 앞두고 고민거리가 생겼다거나, 연애를 시작하려는데 도무지 어떻게 해야 할지 모르겠다 싶은 사람에게 조금이나마 도움이 되고 싶다. 누군가를 사랑할 힘을 내도록 응원하고, 연애관계에서 상처를 받은 마음에 위로를 건네고 싶다. 조금이나마 사회적 기준이 아니라 내 안의 원칙을 찾는 연애를 하고자 하는 마음의 소리를 듣게 되었다면 그것으로도 나는 무척 기뻘 것이다. 연애도 계약하듯 한번 시작해봤으면 좋겠다. 안전하고, 자유롭게 사랑하기 위해서 말이다.

연애도 계약이다
안전하고 자유로운 사랑을 위하여

초판 1쇄 발행 / 2019년 3월 29일

지은이 / 박수빈
펴낸이 / 강일우
책임편집 / 최지수 홍지연
조판 / 신혜원
펴낸곳 / (주)창비
등록 / 1986년 8월 5일 제85호
주소 / 10881 경기도 파주시 회동길 184
전화 / 031-955-3333
팩시밀리 / 영업 031-955-3399 편집 031-955-3400
홈페이지 / www.changbi.com
전자우편 / nonfic@changbi.com

ⓒ 박수빈 2019
ISBN 978-89-364-7701-1 03300